Aulus Gellius

Noctes Atticae

Textauswahl und Erläuterungen
von Josef Feix

Ferdinand Schöningh, Paderborn

ISBN 3-506-10714-3

Vorwort

Wenn sich Herausgeber und Verlag entschlossen haben, eine Auswahl aus Gellius, Noctes Atticae, herauszubringen, so taten sie dies aus mehreren Gründen, die einer kurzen Erörterung bedürfen. Die aus Gellius ausgewählten Geschichten und Denkinhalte sollen nicht allein Stoff für eine unterhaltsame und anregende Lektüre bieten, die sprachlich und gedanklich kaum schwierig ist und einen leicht überschaubaren Inhalt hat. Die Auswahl wird ein dankbarer Lesestoff für Aufbaukurse (C-Kurse) sein, die die lateinische Sprache in geringerer Zeit vermitteln. Weiterhin könnte sie bei grundständigem Latein als Übergangslektüre zwischen dem Abschluß der Elementargrammatik und der Hauptlektüre stehen – die meist noch mit Caesars Gallischem Krieg beginnt –, weil die von Gellius erzählten Stücke recht viel Handlung bieten und damit das Interesse der Lernenden und Lesenden erhalten. In ihnen erschließen sich neue Wege zu einem lateinischen Lese- und Übungskurs, der nach Abschluß der Grammatik einen leichteren Weg in die Lektürejahre bietet und den Vorteil hat, daß man sich nicht gezwungen sieht, Teile eines Gesamtwerks zu lesen, zu dessen Gesamtbewältigung ja doch meist die Zeit fehlt.

Die Auswahl bringt Einzelgeschichten aus den zwanzig Büchern des Werkes und gibt dazu reichliche Vokabeln. Mit Absicht sind die Verben im Infinitiv angegeben, um hier den Schüler zur Arbeit mit dem Wörterbuch zu veranlassen, wenn er sich die Stammformenreihen von Verben neu aneignen oder wiederholen muß. Die E-Konjugation (delēre) ist durch Längung des Stamm-e gekennzeichnet.

Ein Anhang mit Übersetzungshilfen umreißt die Möglichkeiten, wie man bei einem solchen Lektüreübergang überhaupt an die Arbeit des Übersetzens kommt.

Dem Text liegt die Ausgabe von P. A. Marshall, Oxford 1958 zugrunde.

Mönchengladbach, im Juni 1977

Feix

Inhalt

Gellius' Leben und Werk

Über sein Leben ist nur das bekannt, was er selbst in seiner Sammlung von Geschichten angibt. Das ist sehr wenig. Sicherlich war er nicht von unedler Abstammung. In XVIII 4,1 erzählt er, wie er die toga praetexta, die mit purpurverbrämte Toga, die Kinder vornehmer Eltern etwa bis zum siebzehnten Lebensjahr trugen, mit der Toga virilis vertauscht habe. Die Tatsache, daß er von kostspieligen weiten Reisen spricht und seine Erziehung dem Unterricht vorzüglicher, hervorragender Redner verdankt läßt darauf schließen, daß er nicht mittellos war. Seine Geburt fällt wahrscheinlich in das Ende der Regierungszeit des Trajan (98–117 n. Chr.). Wir kennen weder sein Geburts- noch sein Todesjahr. Es wird angenommen, daß er i. J. 165 n. Chr. gestorben ist. Sein einjähriger Aufenthalt in Athen fällt vor das Jahr 165. Der Besuch Athens hatte natürlich die Absicht, sich in der Philosophie, in den schönen Künsten und in der Redekunst weiterzubilden. Ob er ein zweites Mal in Athen war, läßt sich nicht feststellen.

Sein Werk, Noctes Atticae, umfaßt 20 Bücher; davon ist Buch VIII verlorengegangen. Nur die Überschriften der Kapitel dieses Buches kennen wir noch, da Gellius in Anlehnung an Plinius jedes Kapitel mit einer Überschrift versah. Wir verdanken die Noctes Atticae seinem Besuch in Athen. Die Themen stammen aus der Philosophie, der Textkritik, Sakrallehre und Rechtswissenschaft; manchmal sind sie auch Wiedergaben von Erzählungen des Herodot. Der Text ist nicht gut überliefert. Noctes Atticae bedeutet, daß Gellius Geschichten erzählt, die ihm vor allem von griechischen Erzählern während der Winternächte seines Aufenthaltes in Athen in die Hände kamen, deren Inhalt den Schriftsteller interessierte, und zwar nicht für wissenschaftliche Arbeit, wohl aber zu tändelnder Erzählung und spielender Wiedergabe.

Literatur zu Gellius

Texte:

P. K. Marshall, Gellius, Noctes Atticae, Tomus I+II, Oxford, Class. Text Clarendon 1958.
M. Hertz, A. Gellii Noctium Atticarum libri XX, Teubner Leipzig 1853.
C. Hosius, A. Gellius, Noctes Atticae, Vol. I+II Teubner, Stuttgart 1959.

Übersetzungen:

F. Weiss, Aulus Gellius, Die Attischen Nächte. Zwei Bände. Wiss. Buchges. Darmstadt 1975.

Sekundärliteratur:

B. Baldwin, Aulus Gellius and his circle, A. Class. XVI 1973 103–107.
J. Gassner, Philosophie und Moral bei Gellius, Serta Aenipontana II 197–235.
M. Prezatti, Gellio e la scuola de Favorino, ASNP II 1973 837–860.
O. Skutsch, Readings in early Latin HSPH. LXXVI 169–172.

1
Wie groß war Herkules? (I, 1)

1 Plutarchus in libro, quem de Herculis, quamdiu inter homines fuit, animi corporisque ingenio atque virtutibus conscripsit, scite subtiliterque ratiocinatum Pythagoram philosophum dicit in reperienda modulandaque status longitudinisque eius praestantia. 2 Nam cum fere constaret curriculum stadii, quod est Pisis apud Iovem Olympium, Herculem pedibus suis metatum idque fecisse longum pedes sescentos, cetera quoque stadia in terra Graecia ab aliis postea instituta pedum quidem esse numero sescentum, sed tamen esse aliquantulum breviora, facile intellexit modum spatiumque plantae Herculis ratione proportionis habita tanto fuisse quam aliorum procerius, quanto Olympicum stadium longius esset quam cetera. 3 Comprehensa autem mensura Herculani pedis secundum naturalem membrorum omnium inter se competentiam modificatus est atque ita id collegit, quod erat consequens, tanto fuisse Herculem corpore excelsiorem quam alios, quanto Olympicum stadium ceteris pari numero factis anteiret.

2
Das Geschenk der Samniten und C. Fabricius (I, 14)

1 Iulius Hyginus in libro *de vita rebusque illustrium virorum* sexto legatos dicit a Samnitibus ad C. Fabricium, imperatorem populi Romani, venisse et memoratis multis magnisque rebus, quae bene ac benivole post redditam pacem Samnitibus fecisset, obtulisse dono grandem pecuniam orasseque, uti acciperet matereturque, atque id facere Samnites dixisse, quod viderent multa ad splendorem domus atque victus defieri neque pro amplitudine dignitateque lautum paratum esse. 2 Tum Fabricium planas manus ab auribus ad oculos et infra deinceps ad nares et ad os et ad gulam atque inde porro ad ventrem imum deduxisse et legatis ita respondisse: dum illis omnibus membris, quae attigisset, obsistere atque imperare posset, numquam quicquam defuturum; propterea se pecuniam, qua nihil sibi esset usus, ab his, quibus eam sciret usui esse, non accipere.

Erläuterungen

1 (I, 1)

1 **Hercules, is**: Sohn des Jupiter und der Alkmene. Berühmtester Held der griechischen Sage. Im Dienste seines Vetters Eurystheus vollbrachte er die zwölf bekannten Arbeiten – **Plutarchus**: griechischer Schriftsteller aus Chäronea in Böotien, etwa 50 bis 120 n. Chr. Werk: **Moralia** – **ingenium, i, n.**: Anlage – **scite**: geschmackvoll, nett – **subtilis, e**: fein, geschmackvoll – **ratiocinari**: ausmessen, messen – **Pythagoras**: Philosoph aus Samos; 584 bis 504 v. Chr.; später in Kroton (Unteritalien) – **modulari**: abmessen – **praestantia, ae f.**: Vorzüglichkeit, Vortrefflichkeit – 2 **curriculum, i n.**: Lauf-, Rennbahn – **Pisae, arum**: alte Hauptstadt von Elis. Auf den Ruinen der von den Spartanern zerstörten Stadt erwuchs Olympia – **metari**: ausmessen – **aliquantulum**: eine ziemliche Strecke, etwas – **planta, ae f.**: Fußsohle, Fuß – **rationem habere**: berechnen – **proportio, nis f.**: Verhältnis – **procerus, a, um**: lang, gedehnt – **Olympicus, a, um**: zu Olympia gehörig – 3 **competentia, ae f.**: Symmetrie – **modificari**: abmessen – **colligere**: folgern, schließen – **consequens, tis**: folgerichtig – **excelsus, a, um**: groß – **anteire**: überragen.

2 (I, 14)

1 **Iulius Hyginus**: aus Spanien, Freigelassener des Augustus, war Vorsteher der palatinischen Bibliothek und ein sehr gelehrter Grammatiker. Schrift: **de vita rebusque illustrium virorum** – **Samnites**: Bewohner der Gebirgslandschaft Samnium im Apennin nördlich von Apulien – **C. Fabricius** (Luscinus): Dreimal Konsul. Feldherr im Krieg gegen Pyrrhus von Epirus (300–272) – **benivolus, a, um**: gnädig – **splendor, is m.**: Glanz – **victus, us m.**: Lebenshaltung – **defieri** (Pass. zu **deficere**): abgehen, fehlen – **amplitudo, inis f.**: Ansehen – **lautus, a, um**: standesgemäß – 2 **planus, a, um**: flach – **deinceps**: nacheinander, der Reihe nach – **gula, ae f.**: Kehle – **imus, a, um**: unterst – **obsistere**: widerstehen – **usui esse**: von Nutzen, nützlich sein.

3
Die Sibyllinischen Bücher (I, 19)

1 In antiquis annalibus memoria super *libris Sibyllinis* haec prodita est: 2 Anus hospita atque incognita ad Tarquinium Superbum regem adiit novem libros ferens, quos esse dicebat divina oracula; eos velle venundare. 3 Tarquinius pretium percontatus est. Mulier nimium atque immensum poposcit; rex, quasi anus aetate desiperet, derisit. 4/5 Tum illa foculum coram cum igni apponit, tres libros ex novem deurit et, ecquid reliquos sex eodem pretio emere vellet, regem interrogavit. 6 Sed enim Tarquinius id multo risit magis dixitque anum iam procul dubio delirare. 7 Mulier ibidem statim tres alios libros exussit atque id ipsum denuo placide rogat, ut tres reliquos eodem illo pretio emat. 8 Tarquinius ore iam serio atque attentiore animo fit, eam constantiam confidentiamque non insuper habendam intellegit, libros tres reliquos mercatur nihilo minore pretio, quam quod erat petitum pro omnibus. 9 Sed eam mulierem tunc a Tarquinio digressam postea nusquam loci visam constitit. 10 Libri tres in sacrarium conditi 'Sibyllini' appellati; 11 ad eos quasi ad oraculum quindecimviri adeunt, cum di immortales publice consulendi sunt.

4
Eine heitere Geschichte (I, 23)

1 Historia de Papirio Praetextato dicta scriptaque est a M. Catone in oratione, qua usus est *ad milites contra Galbam,* cum multa quidem venustate atque luce atque munditia verborum. 2 Ea Catonis verba huic prorsus commentario indidissem, si libri copia fuisset id temporis, cum haec dictavi. 3 Quod si non virtutes dignitatesque verborum, sed rem ipsam scire quaeris, res ferme ad hunc modum est: 4 Mos antea senatoribus Romae fuit in curiam cum praetextatis filiis introire. 5 Tum, cum in senatu res maior quaepiam consultata eaque in diem posterum prolata est placuitque, ut eam rem, super qua tractavissent, ne quis enuntiaret, priusquam decreta esset, mater Papirii pueri, qui cum parente suo in curia fuerat, percontata est filium, quidnam in senatu patres egissent. 6 Puer respondit tacendum esse neque id dici licere. 7 Mulier fit audiendi cupidior; secretum rei et silentium pueri animum eius ad inquirendum everberat:

3 (I, 19)

1 **Die Sibyllinischen Bücher**: Der Sibylle von Cumae, einer uralten, prophetischen Frau etwa zur Zeit der Ankunft des Aeneas in Italien, wurden die Sibyllinischen Sprüche in griechischer Sprache zugeschrieben; sie wurden im Jupitertempel auf dem Kapitol aufbewahrt. Ein Ausschuß von Priestern hatte den Auftrag, die Bücher zu behüten und auf Anordnung des Senats hin einzusehen. – **super**: über – 2 **hospitus, a, um**: fremd, zu Gast – **anus, us f.**: alte Frau – **Tarquinius Superbus**: letzter König der Römer, der i. J. 510 v. Chr. gestürzt und vertrieben wurde – **venundare**: verkaufen – 3 **percontari**: sich erkundigen, fragen – **nimius, a, um**: allzu hoch – **quasi**: gleichsam als ob – **desipere**: närrisch, kindisch sein – 4/5 **foculus, i m.**: kleiner Herd – **coram**: an Ort und Stelle – **deurere**: verbrennen – **ecquid**: ob vielleicht – 6 **procul dubio**: ohne Zweifel – **delirare**: von Sinnen sein – 7 **placide**: in aller Ruhe – 8 **serius, a, um**: ernst – **confidentia, ae, f.**: Zuversicht – **insuper habere**: für überflüssig halten, mißachten – **mercari**: kaufen – **digredi = discedere** – 10 **sacrarium, in n.**: das Allerheiligste (des Junotempels) – **condere**: bringen, unterbringen – 11 **quasi**: wie – **adire**: gehen, aufsuchen – **quindecimviri**: 15 Männer, denen die Verwaltung der Sibyllinischen Bücher oblag – **publice**: im Interesse des Staates.

4 (I, 23)

1 **Papirius**: Name einer berühmten gens in Rom – **praetextatus, a, um**: mit purpurverbrämter Toga (Toga praetexta). Bis zum 17. Lebensjahr trugen die röm. Jungen die Toga praetexta, danach die Toga virilis. – **Marcus Porcius Cato (Maior)**: mit dem Beinamen Censorius (gest. 149 v. Chr.), der immer zur Zerstörung Karthagos riet – **Galba**: versuchte, L. Aemilius Paulus um seinen Triumph über Perseus zu bringen – **venustas, tis f.**: Anmut – **munditia, ae f.**: Eleganz, Zierlichkeit – 2 **prorsus**: unbedingt – **commentarius, i m.**: Abhandlung – **indere**: einverleiben – **copia, ae f.**: erg. legendi – 3 **ferme = fere** – **ad hunc modum**: so – 5 **quipiam, quaepiam, quodpiam**: irgendein – **proferre**: verschieben – **tractare**: verhandeln – **enuntiare**: ausplaudern, verraten – **quisnam, quidnam**: wer denn, was denn? – 7 **inquirere**: ausforschen – **everberare**: anreizen – **compressus, a, um**:

quaerit igitur compressius violentiusque. 8 Tum puer matre urgente lepidi atque festivi mendacii consilium capit. Actum in senatu dixit, utrum videretur utilius exque re publica esse, unusne ut duas uxores haberet, an ut una apud duos nupta esset. 9 Hoc illa ubi audivit, animus compavescit, domo trepidans egreditur ad ceteras matronas. 10 Pervenit ad senatum postridie matrum familias caterva; lacrimantes atque obsecrantes orant, una potius ut duobus nupta fieret, quam ut uni duae. 11 Senatores ingredientes in curiam, quae illa mulierum intemperies et quid sibi postulatio istaec vellet, mirabantur. 12 Puer Papirius in medium curiae progressus, quid mater audire institisset, quid ipse matri dixisset, rem, sicut fuerat, denarrat. 13 Senatus fidem atque ingenium pueri exosculatur, consultum facit, uti posthac pueri cum patribus in curiam ne introeant praeter ille unus Papirius, atque puero postea cognomentum honoris gratia inditum 'Praetextatus' ob tacendi loquendique in aetate praetextae prudentiam.

5
Väter und Söhne in der Öffentlichkeit (II, 2)

1 Ad philosophum Taurum Athenas visendi cognoscendique eius gratia venerat . . . praeses Cretae provinciae et cum eo simul eiusdem praesidis pater. 2 Taurus sectatoribus commodum dimissis sedebat pro cubiculi sui foribus et cum assistentibus nobis sermocinabatur. 3/4 Introiit provinciae praeses et cum eo pater; assurrexit placide Taurus et post mutuam salutationem resedit. 5 Allata mox una sella est, quae in promptu erat, atque, dum aliae promebantur, apposita est. Invitavit Taurus patrem praesidis, uti sederet. 6 Atque ille ait: 'Sedeat hic potius, qui populi Romani magistratus est.' 7 'Absque praeiudicio' inquit Taurus 'tu interea sede, dum inspicimus quaerimusque, utrum conveniat tene potius sedere, qui pater es, an filium, qui magistratus est.' 8 Et, cum pater assedisset appositumque esset aliud filio quoque eius sedile, verba super ea re Taurus facit cum summa, dii boni, honorum atque officiorum perpensatione.

9 Eorum verborum sententia haec fuit: In publicis locis atque muneribus atque actionibus patrum iura cum filiorum, qui in magistratu sunt, potestatibus collata interquiescere paululum et conivere, sed cum extra rem publicam in domestica re atque vita

drängend – **violentus, a, um**: ungestüm, heftig – 8 **urgēre**: drängen – **lepidus, a, um**: fein – **festivus, a, um**: hübsch, niedlich – **mendacium, i n.**: Unwahrheit, Lüge – **ex re publica esse**: zum Nutzen, Vorteil des Staates sein – 10 **compavescere**: erschrecken – **perferre**: überbringen – **caterva, ae f.**: Schar, Menge – **potius**: lieber – 11 **intemperies, ei f.**: Zügellosigkeit, Übermut – **quid hoc sibi vult**: Was soll das? Was hat das zu bedeuten? – 12 **insistere**: beharren – 13 **exosculari**: loben – **consultum facere**: eine Verordnung erlassen – **posthac**: künftighin – **indere**: verleihen – **aetas praetextae (togae)**: Zeit des Jugendalters, Jugend.

5 (II, 2)

1 **Taurus (philosophus)**: Philosoph in Athen – **visere**: besuchen – **praeses, idis m.**: Statthalter – **Creta, ae f.**: Kreta, größte der griechischen Inseln im Süden des Ägäischen Meeres – 2 **sectator, is m.**: Anhänger, Schüler – **commodum**: gerade – **fores, ium f.**: Tür – **assistere**: dabei-, herumstehen – **sermocinari**: sich unterhalten – 4 **placide**: freundlich – **mutuus, a, um**: wechsel-, gegenseitig – **residere**: sich setzen – 5 **in promptu esse**: bereit stehen – **promere**: bewegen, herbeiholen – **potius**: lieber – **praeiudicium, i n.**: vorgreifendes Urteil – **inspicere**: in Erwägung ziehen, betrachten – **tene = te + ne**: **ne . . . an**: ob . . . oder (im A.c.I) – 8 **sedile, is n.**: Sessel, Stuhl – **dii boni**: bei den guten Göttern! (Vok. im Plur.) – **cum summa perpensatione**: mit größtmöglicher Ausgewogenheit, Abwägung – 9 **munus, eris n.**: Amtsgewalt – **interquiescere**: ruhen, schweigen – **conivere**: in den Hintergrund treten – **extra + Akk.**: außerhalb – **discum-**

sedeatur, ambuletur, in convivio quoque familiari discumbatur, tum inter filium magistratum et patrem privatum publicos honores cessare, naturales et genuinos exoriri. 10 'Hoc igitur,' inquit 'quod ad me venistis, quod colloquimur nunc, quod de officiis disceptamus, privata actio est. Itaque utere apud me his honoribus prius, quibus domi quoque vestrae te uti priorem decet.'

11 Haec atque alia in eandem sententiam Taurus graviter simul et comiter disseruit. 12 Quid autem super huiuscemodi patris atque filii officio apud Claudium legerimus, non esse ab re visum est, ut adscriberemus. 13 Posuimus igitur verba ipsa Quadrigarii ex *annali* eius sexto transcripta: 'Deinde facti consules Sempronius Gracchus iterum Q. Fabius Maximus, filius eius, qu priore anno erat consul. Ei consuli pater proconsul obviam in equo vehens venit neque descendere voluit, quod pater erat, et, quod inter eos sciebant maxima concordia convenire, lictores non ausi sunt descendere iubere. Ubi iuxta venit, tum consul ait: 'quid postea? '; lictor ille, qui apparebat, cito intellexit, Maximum proconsulem descendere iussit. Fabius imperio paret et filium collaudavit, cum imperium, quod populi esset, retineret.

6
Ein Gesetz Solons (II, 12)

1 In legibus Solonis illis antiquissimis, quae Athenis axibus ligneis incisae sunt quasque latas ab eo Athenienses, ut sempiternae manerent, poenis et religionibus sanxerunt, legem esse Aristoteles refert scriptam ad hanc sententiam: 'Si ob discordiam dissensionemque seditio atque discessio populi in duas partes fiet et ob eam causam irritatis animis utrimque arma capientur pugnabiturque, tum qui in eo tempore in eoque casu civilis discordiae non alterutrae parti sese adiunxerit, sed solitarius separatusque a communi malo civitatis secesserit, is domo, patria fortunisque omnibus careto, exul extorrisque esto!'

2 Cum hanc legem Solonis singulari sapientia praediti legissemus, tenuit nos gravis quaedam in principio admiratio requirentes, quam ob causam dignos esse poena existimaverit, qui se procul a seditione et civili pugna removissent. 3 Tum, qui penitus atque alte usum ac sententiam legis introspexerat, non ad augendam, sed ad desinendam seditionem legem hanc esse dicebat. Et res prorsum se sic habent. 4 Nam si boni omnes,

bere: sich niederlegen – **genuinus, a, um**: von Geburt aus, angeboren – **exoriri**: zum Vorschein kommen, auftreten – 10 **disceptare**: Gedanken austauschen – **prior, -ius**: älter – **gravis, e**: ernst – **comis, e**: heiter – 12 **Claudius (Quadrigarius)**: Geschichtsschreiber vor 100 v. Chr.: **Annalen** – **non ab re est**: es ist zweckmäßig – **adscribere**: dazuschreiben – 13 **annale, is n.**: Jahrbuch (der Staatschronik) – **postea**: weiter.

6 (II, 12)

1 **Solo, nis**: aus Athen, geboren etwa um 639 v. Chr., gab den Einwohnern der Stadt 594 eine neue Verfassung. Als während seiner Abwesenheit die Gesetze nicht befolgt wurden, wanderte er nach Kypern aus, wo er etwa 559 starb. – **axis, is m.**: An aufrecht stehenden drehbaren Pfeilern waren je vier beiderseits beschriebene Holztafeln in Kreuzform befestigt. So entstand eine Art Buch, in dem man durch Drehen gleichsam weiterblättern konnte – **incidere**: einhauen: der Ausdruck ist von den ehernen Tafeln hergenommen, die später statt der alten hölzernen zur Aufzeichnung von Gesetzen verwendet wurden; in Wirklichkeit waren die Buchstaben auf den weißgetünchten Holztafeln mit schwarzer Farbe aufgemalt – **religio, nis f.**: heiliger Eid – **sancire**: unverbrüchlich anordnen – **Aristoteles**: Philosoph und Polyhistor aus Stagira (Makedonien), 384–322 v. Chr. – **dissensio, f.**: Streit – **discessio, nis f.** Spaltung – **irritare**: erregen – **utrimque**: auf beiden Seiten – **alteruter, a, um**: einer von beiden – **solitarius, a, um**: allein – **careto**: er soll entbehren (sog. zweiter Imperativ) – **extorris, e**: ausgewiesen – **esto**: er soll sein – 2 **praeditus, a, um**: begabt mit – 3 **penitus**: tief hinein – **usus, us m.**: Gebrauch, Nutzen – **introspicere**: hineinschauen – **deminuere**: vermindern – **prorsum**: durchaus, ganz

qui in principio coercendae seditioni impares fuerint, populum percitum et amentem non deseruerint, ad alterutram partem dividi sese adiunxerint, tum eveniet, ut cum socii partis seorsum utriusque fuerint eaeque partes ab his, ut maioris auctoritatis viris, temperari ac regi coeperint, concordia per eos potissimum restitui conciliarique possit, dum et suos, apud quos sunt, regunt atque mitificant et adversarios sanatos magis cupiunt quam perditos.
5 Hoc idem Favorinus philosophus inter fratres quoque aut amicos dissidentes oportere fieri censebat, ut qui in medio sunt utriusque partis benevoli, si in concordia adnitenda parum auctoritatis quasi ambigui amici habuerint, tum alteri in alteram partem discedant ac per id meritum viam sibi ad utriusque concordiam muniant. 6 'Nunc autem plerique' inquit 'partis utriusque amici, quasi probe faciant, duos litigantes destituunt et relinquunt deduntque eos advocatis malivolis aut avaris, qui lites animasque eorum inflamment aut odii studio aut lucri.'

7
Die Haubenlerche (II, 29)

1 Aesopus ille e Phrygia fabulator haud immerito sapiens existimatus est, cum, quae utilia monitu suasuque erant, non severe neque imperiose praecepit et censuit, ut philosophis mos est, sed festivos delectabilesque apologos commentus res salubriter ac prospicienter animadversas in mentes animosque hominum cum audiendi quadam illecebra induit. 2 Velut haec eius fabula *de aviculae nidulo* lepide atque iucunde promonet spem fiduciamque rerum, quas efficere quis possit, haud umquam in alio, sed in semet ipso habendam. 3 'Avicula' inquit 'est parva, nomen est cassita. 4 Habitat nidulaturque in segetibus id ferme temporis, ut appetat messis pullis iam plumantibus. 5 Ea cassita in sementes forte congesserat tempestiviores; propterea frumentis flavescentibus pulli etiam tunc involucres erant. 6 Dum igitur ipsa iret cibum pullis quaesitum, monet eos, ut, si quid ibi rei novae fieret dicereturve, animadverterent idque uti sibi, ubi redisset, nuntiarent. 7 Dominus postea segetum illarum filium adulescentem vocat et 'videsne' inquit 'haec ematuruisse et manus iam postulare? idcirco die crastino, ubi primum diluculabit, fac amicos eas et roges, veniant operamque mutuam dent et messim hanc nobis adiuvent'. 8 Haec ubi ille dixit, et discessit.

und gar – 4 **impar, is**: ungleich, nicht gewachsen – **percitus, a, um**: gereizt – **amens, tis**: kopflos – **seorsum**: besonders, gerade – **temperare**: mäßigen – **potissimum**: am ehesten – **conciliare**: gewinnen – **mitificare**: mildern, zur Vernunft bringen – 5 **Favorinus**: gelehrter griechischer Philosoph unter Hadrian (117 - 138 n. Chr.) – **dissidere**: sich streiten, uneins sein – **ambiguus, a, um**: schwankend, unwissend – **munire**: (den Weg) ebnen, bahnen – 6 **litigare**: streiten – **destituere**: verlassen – **lucrum, i n.**: Gewinn.

7 (II, 29)

1 **Aesopus**: Fabeldichter – **Phrygia, ae f.**: Kernlandschaft im westlichen Kleinasien – **quae utilia monitu suasuque s.**: Supina: Was zu ermahnen und zu raten nützlich ist – **imperiosus, a, um**: herrisch, autoritär – **festivus, a, um**: gefällig – **delectabilis, e**: erfreulich – **apologus, i m.**: Erzählung – **comminisci**: erdichten, ersinnen – **prospiciens, tis**: vorsorglich – **illecebra, ae f.**: Verlockung – **induere**: einflössen, Eingang verschaffen – **velut**: zum Beispiel – 2 **avicula, ae f.**: Vögelchen – **nidulus, i m.**: Nestchen – **lepide**: fein, geschmackvoll – **promonēre**: ermahnen – 3 **cassita, ae f.**: Haubenlerche – 4 **nidulari**: nisten – **seges, tis f.**: Saat, Saatfeld – **appetere**: nahen – **messis, is f.**: Ernte – **pullus, i m.**: Junges – **plumari**: Federn bekommen, flügge werden – 5 **congerere**: nisten – **tempestivus, a, um**: reif – **flavescere**: gelb werden – **involucris, e**: nicht flügge – **animadvertere**: achtgeben – **ve**: oder – 7 **ematurescere**: reif werden – **dies crastinus**: der morgige Tag, morgen – **diluculare**: heraufdämmern – **fac + Konj.**: mach dich auf zu gehen, geh eilends! – **mutuam operam dare**: gegenseitige Hilfe leisten – 8 **tremibun-**

Atque ubi redit cassita, pulli tremibundi, trepiduli circumstrepere orareque matrem, ut iam statim properet inque alium locum sese asportet: 'nam dominus' inquiunt 'misit, qui amicos roget, uti luce oriente veniant et metant'. 9 Mater iubet eos otioso animo esse: 'si enim dominus' inquit 'messim ad amicos reicit, crastino seges non metetur neque necessum est, hodie uti vos auferam.' Die postero mater in pabulum volat. 10 Dominus, quos rogaverat, opperitur. Sol fervit, et fit nihil; it dies, et amici nulli eunt. 11 Tum ille rursum ad filium: 'amici isti magnam partem' inquit 'cessatores sunt. Quin potius imus et cognatos adfinesque nostros oramus, ut adsint cras temperi ad metendum?' Itidem hoc pulli pavefacti matri nuntiant. 12 Mater hortatur, ut tum quoque sine metu ac sine cura sint; cognatos adfinesque nullos ferme tam esse obsequibiles ait, ut ad laborem capessendum nihil cunctentur et statim dicto oboediant: 'vos modo' inquit 'advertite, si modo quid denuo dicetur'. 13 Alia luce orta avis in pastum profecta est. Cognati et adfines operam, quam dare rogati sunt, supersederunt. 14 Ad postremum igitur dominus filio: 'valeant' inquit 'amici cum propinquis. Afferes prima luce falces duas; unam egomet mihi et tu tibi capies alteram, et frumentum nosmet ipsi manibus nostris cras metemus'. 15 Id ubi ex pullis dixisse dominum mater audivit: 'tempus' inquit 'est cedendi et abeundi; fiet nunc dubio procul, quod futurum dixit. In ipso enim iam vertitur, cuia res est, non in alio, unde petitur'. 16 Atque ita cassita nidum migravit, seges a domino demessa est.'

8
Das kleinere Übel (IV, 8,1–6)

1 Fabricius Luscinus magna gloria vir magnisque rebus gestis fuit. 2 P. Cornelius Rufinus manu quidem strenuus et bellator bonus militarisque disciplinae peritus admodum fuit, sed furax homo et avaritia acri erat. 3 Hunc Fabricius non probabat neque amico utebatur osusque eum morum causa fuit. 4 Sed cum in temporibus rei difficillimis consules creandi forent et is Rufinus peteret consulatum competitoresque eius essent imbelles quidam et futtiles, summa ope adnixus est Fabricius, uti Rufino consulatus deferretur. 5 Eam rem plerisque admirantibus, quod hominem avarum, cui esset inimicissimus, creari consulem vellet, 6 'malo,' inquit 'civis me compilet, quam hostis vendat'.

dus, a, um: zitternd, ängstlich – **trepidulus, a, um**: ängstlich – **circumstrepere**: umlärmen (erzählender Infinitiv) – **metere**: mähen – **reicere ad**: auf jmd. schieben, jmd. aufbürden – **crastino (ergänze die)**: morgen – 10 **opperiri**: warten auf – **fervere**: brennen – **rursum**: erneut, wieder – 11 **cessator, is m.**: Saumseliger, Müßiggänger – **quin**: warum nicht – **temperi**: zur rechten Zeit – **itidem**: gleichfalls – **pavefacere**: in Schrecken versetzen – 12 **obsequibilis, e**: gehorsam – **dicto oboedire**: aufs Wort gehorchen – **advertere**: aufpassen – **in pastum**: zum Futterholen – 13 **supersedere**: sich hinwegsetzen über – 14 **ad postremum**: zuletzt, schließlich – **falx, cis f.**: Sichel, Sense – **nosmet ipsi**: verstärktes nos – 15 **procul dubio**: ohne Zweifel – **cuia res est**: (**cuius, a, um**: welchem angehörend) dessen Aufgabe es ist – **migrare**: fortschaffen – **demetere**: abmähen.

8 (IV, 8,1–6)

1 **Fabricius (Luscinus)**: dreimal Konsul in Rom. Er war so redlich und uneigennützig, daß er kein Vermögen hinterließ, so daß der Staat die Mittel für die Mitgift seiner Töchter bezahlen mußte. Feldherr im Krieg gegen Pyrrhus von Epirus (300–272 v. Chr.) – 2 **P. Cornelius Rufinus**: Zeitgenosse des Fabricius aus einer vermögenden Familie in Rom – **admodum**: überaus, äußerst – **furax, cis**: diebisch – 3 **osus, a, um**: hassend, – 4 **competitor, is m.**: Mitbewerber – **futtilis, e**: unzuverlässig – **adniti**: Kräfte aufbieten – **consulatum deferre**: die Konsulwürde übertragen – 6 **compilare**: ausplündern.

9
Befreiung von einer Sprachstörung (V, 9)

1 Filius Croesi regis, cum iam fari per aetatem posset, infans erat et, cum iam multum adolevisset, item nihil fari quibat. Mutus adeo et elinguis diu habitus est. 2 Cum in patrem eius bello magno victum et urbe, in qua erat, capta hostis gladio educto regem esse ignorans invaderet, diduxit adulescens os clamare nitens eoque nisu atque impetu spiritus vitium nodumque linguae rupit planeque et articulate elocutus est clamans in hostem, ne rex Croesus occideretur. 3 Tum et hostis gladium reduxit, et rex vita donatus est, et adulescens loqui prorsum deinceps incepit. 4 Herodotus in *historiis* huius memoriae scriptor est.
5 Sed et quispiam Samius athleta, . . . cum antea non loquens fuisset, ob similem dicitur causam loqui coepisse. 6 Nam cum in sacro certamine sortitio inter ipsos et adversarios non bona fide fieret et sortem nominis falsam subici animadvertisset, repente in eum, qui id faciebat, videre sese, quid faceret, magnum inclamavit. Atque is oris vinculo solutus per omne inde vitae tempus non turbide neque adhaese locutus est.

10
Androklus und der Löwe (V, 14,5–28)

5 In circo maximo venationis amplissimae pugna populo dabatur. 6 Eius rei, Romae cum forte essem, spectator fui. 7 Multae ibi saevientes ferae, magnitudines bestiarum excellentes, omniumque invisitata aut forma erat aut ferocia. 8 Sed praeter alia omnia leonum immanitas admirationi fuit praeterque omnes ceteros unus. 9 Is unus leo corporis impetu et vastitudine terrificoque fremitu et sonoro, toris comisque cervicum fluctuantibus animos oculosque omnium in sese converterat. 10 Introductus erat inter complures ceteros ad pugnam bestiarum datus servus viri consularis; ei servo Androclus nomen fuit. 11 Hunc ille leo ubi vidit procul, repente quasi admirans stetit ac deinde sensim atque placide tamquam noscitabundus ad hominem accedit. 12 Tum caudam more atque ritu adulantium canum clementer et blande movet hominisque se corpori adiungit cruraque eius et manus prope iam exanimati metu lingua leniter demulcet. 13 Homo Androclus inter illa tam atrocis ferae blandimenta amissum animum recuperat, paulatim oculos

9 (V, 9)

1 **Croesus:** König von Lydien (um 550 v. Chr.) sehr reich; vom Perserkönig Kyros besiegt – **fari:** reden, sprechen – **per aetatem:** dem Alter nach – **infans, tis:** unfähig zu sprechen – **adolescere:** heranwachsen – **quire:** können – 2 **mutus, a, um:** stumm – **elinguis, e:** sprachlos, stumm – **haberi:** gehalten werden für, gelten als, für – **gladium educere:** das Schwert zücken – **niti:** trachten nach, sich bemühen – **nisus, us m.:** das Mühen, Anstrengung – **nodus, i m:** Knoten, Fessel – **planus, a, um:** deutlich – **articulatus, a, um:** vernehmlich, deutlich – 3 **prorsum:** von der Zeit an – **deinceps:** hintereinander – 4 **Herodotus:** aus Halikarnaß, Vater der Geschichtsschreibung; er schrieb neun Bücher Historiae, etwa um 484–424 v. Chr. – 5 **quispiam:** irgendein – **Samius:** aus Samos – **athleta, ae m.:** Ringkämpfer – 6 **sortitio, nis f.:** Auslosung – **fides, ei f.:** Glauben, Vertrauen – **sors, tis f.:** Los – **subicere:** unterschieben – **magnum:** laut – **inclamare:** anreden – **turbidus, a, um:** unruhig, aufgeregt – **adhaesus, a, um:** stockend.

10 (V, 14,5–28)

5 **circus maximus:** zwischen Palatinus und Aventinus – **venatio, nis f.** Jagd – 6 **forte:** zufällig – 7 **invisitatus, a, um:** ungesehen, ungewöhnlich – **ferocia, ae f.:** Wildheit – 8 **praeter + Akk.:** außer – **immanitas, tis f.:** Wildheit – **admirationi esse:** zur Bewunderung dienen, bewundert werden – 9 **vastitudo, inis f.:** unglaubliche Größe – **terrificus, a, um:** erschreckend – **sonorus, a, um:** ertönend, tönend – **torus, i m.:** mähniger Hals – **coma, ae f.:** Mähne – **cervix, cis f.:** Nacken – **fluctuare:** wogen, wallen – 10 **vir consularis:** gewesener Konsul – 11 **procul:** von fern – **sensim:** langsam, Schritt für Schritt – **placide:** sanft, zahm – **noscitabundus, a, um:** wiedererkennend – 12 **cauda, ae f.:** Schwanz – **ritus, us m.:** Art – **adulari:** schmeicheln – **blandus, a, um:** schmeichelnd – **crus, ris n.:** Schenkel – **prope iam:** beinahe schon – **exanimatus, a, um:** leblos – **demulcere:** streicheln, belecken – 13 **blandimentum, i n.:** Schmeichelei –

ad contuendum leonem refert. 14 Tum quasi mutua recognitione facta laetos et gratulabundos videres hominem et leonem. 15 Ea re prorsus tam admirabili maximos populi clamores excitatos dicit accersitumque a Caesare Androclum quaesitamque causam, cur illi atrocissimus leo uni parsisset. 16 Ibi Androclus rem mirificam narrat atque admirandam. 17 'Cum provinciam' inquit 'Africam proconsulari imperio meus dominus obtineret, ego ibi iniquis eius et cotidianis verberibus ad fugam sum coactus et, ut mihi a domino, terrae illius praeside, tutiores latebrae forent, in camporum et arenarum solitudines concessi ac, si defuisset cibus, consilium fuit mortem aliquo pacto quaerere. 18 Tum sole medio rabido et flagranti specum quandam nanctus remotam latebrosamque in eam me penetro et recondo. 19 Neque multo post ad eandem specum venit hic leo debili uno et cruento pede gemitus edens et murmura dolorem cruciatumque vulneris commiserantia.' 20 Atque illic primo quidem conspectu advenientis leonis territum sibi et pavefactum animum dixit. 21 'Sed postquam introgressus' inquit 'leo, uti re ipsa apparuit, in habitaculum illud suum, videt me procul delitescentem, mitis et mansues accessit et sublatum pedem ostendere mihi et porrigere quasi opis petendae gratia visus est. 22 Ibi ego stirpem ingentem vestigio pedis eius haerentem revelli conceptamque saniem volnere intimo expressi accuratiusque sine magna iam formidine siccavi penitus atque detersi cruorem. 23 Illa tunc mea opera et medella levatus pede in manibus meis posito recubuit et quievit, 24 atque ex eo die triennium totum ego et leo in eadem specu eodemque victu viximus. 25 Nam, quas venabatur feras, membra opimiora ad specum mihi subgerebat, quae ego ignis copiam non habens meridiano sole torrens edebam. 26 Sed ubi me vitae illius ferinae iam pertaesum est, leone in venatum profecto reliqui specum et viam ferme tridui permensus a militibus visus apprehensusque sum et ad dominum ex Africa Romam deductus. 27 Is me statim rei capitalis damnandum dandumque ad bestias curavit. 28 Intellego autem hunc quoque leonem me tunc separato captum gratiam mihi nunc beneficii et medicinae referre'.

contueri: ansehen, betrachten – 14 **mutuus, a, um**: wechsel-, gegenseitig – **gratulabundus, a, um**: sich beglückwünschend – 15 **prorsus**: durchaus, gänzlich – **accersere**: herbeirufen – **Caesar**: Kaiser, der den Kampf von Sklaven gegen wilde Tiere anordnete – **parsisset = pepereisset** 16 **mirficus, a, um**: wundersam – **admirandus, a, um**: bewundernswert – 17 **imperium proconsulare**: das proconsulare imperium verleiht seinem Inhaber alle Befehlsgewalt des Konsuls (= das Heereskommando und die Rechtsprechung), ohne daß er Konsul ist. – **iniquus, a, um**: häßlich, gemein – **verbera, um n.**: Schläge – **praeses, idis m.**: Befehlshaber – **latebrae, arum f.**: Verstecke – **arena, ae f.**: Sand – **solitudo, inis f.**: Einöde, Wüste – **concedere**: laufen – **deesse**: fehlen – **aliquo pacto**: auf irgendeine Weise – 18 **medius sol**: Mittagssonne – **rabidus, a, um**: grimmig, ungestüm – **specus, us m. f.**: Höhle, Grotte – **nancisci**: erreichen, finden – **remotus, a, um**: versteckt, abgelegen – **latebrosus, a, um**: mit viel Verstecken – **se penetrare**: sich begeben, eindringen – 19 **debilis, e**: hinkend – **cruentus, a, um**: blutig – **gemitum edere**: Gebrüll ausstoßen – **murmur, is n.**: Brummen – **commiserari**: beklagen, bedauern – 20 **pavefacere**: bange machen – 21 **introgredi**: eintreten – **habitaculum, i n.**: Aufenthaltsort – **delitescere**: sich verstecken, verbergen – **mitis, e**: sanft – **mansues, tis**: an die Hand gewöhnt, zahm – **sublatus, a, um**: erhoben – **porrigere**: hinstrecken – 22 **stirps, is f.**: Stachel, Splitter – **vestigium, i n.**: Spur, Sohle – **revellere**: herausziehen – **concipere**: ansammeln – **sanies, ei f.**: Eiter – **siccare**: trocknen – **formido, inis f.**: Angst, Furcht – **penitus**: tief drinnen – **detergere**: abwischen – **cruor, is m.**: Blut – 23 **medella, ae f.**: Heilung, Abhilfe – 24 **recumbere**: sich zurücklegen – **triennium, i n.**: Zeitraum von drei Jahren – 25 **opimus, a, um**: fett, gutgenährt – **subgerere**: herantragen, heranschleppen – **torrere**: dörren, rösten – 26 **pertaedet**: überdrüssig sein – **permetiri**: durchmessen, durcheilen – **apprehendere**: aufgreifen – 27 **rei capitalis damnare**: zum Tode verurteilen – 28 **gratiam referre**: Dank abstatten.

11
Merkwürdige Begebenheiten mit dem älteren Scipio (VI, 1)

1 Quod de Olympiade, Philippi regis uxore, Alexandri matre, in historia Graeca scriptum est, id de P. quoque Scipionis matre, qui prior Africanus appellatus est, memoriae datum est. 2 Nam et C. Oppius et Iulius Hyginus aliique, qui de vita et rebus Africani scripserunt, matrem eius diu sterilem existimatam tradunt, P. quoque Scipionem, cum quo nupta erat, liberos desperavisse. 3 Postea in cubiculo atque in lecto mulieris, cum absente marito cubans sola condormisset, visum repente esse iuxta eam cubare ingentem anguem eumque his, qui viderant, territis et clamantibus elapsum inveniri non quisse. Id ipsum P. Scipionem ad haruspices rettulisse; eos sacrificio facto respondisse fore, ut liberi gignerentur, 4 neque multis diebus, postquam ille anguis in lecto visus est, mulierem coepisse concepti fetus signa atque sensum pati; exinde mense decimo peperisse natumque esse hunc P. Africanum, qui Hannibalem et Carthaginienses in Africa bello Punico secundo vicit. 5 Sed et eum inpendio magis ex rebus gestis quam ex illo ostento virum esse virtutis divinae creditum est.

6 Id etiam dicere haud piget, quod idem illi, quos supra nominavi, litteris mandaverint Scipionem hunc Africanum solitavisse noctis extremo, priusquam dilucularet, in Capitolium ventitare ac iubere aperiri cellam Iovis atque ibi solum diu demorari quasi consultantem de re publica cum Iove, aeditumosque eius templi saepe esse demiratos, quod solum id temporis in Capitolium ingredientem canes semper in alios saevientes neque latrarent eum neque incurrerent.

7 Has volgi de Scipione opiniones confirmare atque approbare videbantur dicta factaque eius pleraque admiranda. 8 Ex quibus est unum huiuscemodi. Assidebat oppugnabatque in Hispania situ, moenibus, defensoribus validum et munitum, re etiam cibaria copiosum, nullaque eius potiendi spes erat, et quodam die ius in castris sedens dicebat, atque ex eo loco id oppidum procul visebatur. 9 Tum e militibus, qui in iure apud eum stabant, interrogavit quispiam ex more, in quem diem locumque vadimonium promitti iuberet, 10 et Scipio manum ad ipsam oppidi, quod obsidebatur, arcem protendens: 'perendie' inquit 'sese sistant illo in loco'. 11 Atque ita factum: die tertio, in quem vadari iusserat, oppidum captum est, eodemque die in arce eius oppidi ius dixit.

11 (VI, 1)

1 **Olympias, dis**: Olympias, Gattin König Philipps von Makedonien, Mutter Alexanders des Großen – **prior, us**: als erster – **P. Scipio**: der ältere Scipio, Sieger über Hannibal bei Zama (202 v. Chr.) – 2 **C. Oppius**: Freund Caesars, wird für den Autor des bellum Alexandrinum, Hispaniense, und Africanum gehalten – **Iulius Hyginus**: Philologe und Polyhistor z. Zt. des Augustus – **sterilis, e**: unfruchtbar – **existimari**: gehalten werden für – **nuptus, a, um**: verheiratet – **desperare**: die Hoffnung aufgeben, nicht mehr rechnen mit – 3 **condormire**: einschlafen – **iuxta + Akk.**: neben – **anguis, is m.**: Schlange – **clamare**: aufschreien – **elabi**: entgleiten – **quire**: können – **haruspex, cis m.**: Opferpriester – **referre**: mitteilen – 4 **concipere**: empfangen – **fetus, us m.**: Leibesfrucht – **sensus, us m.**: Vorgefühl – **exinde**: darauf – **mensis, is m.**: Monat – **parere**: gebären – **bellum Punicum secundum**: zweiter Punischer Krieg (218–201 v. Chr.) – **P. Africanus**: Publius Cornelius Scipio Africanus: aus der hochberühmten gens der Cornelier, erhielt den Oberbefehl über die römischen Truppen in Spanien und kehrte nach der Eroberung von Gades nach Rom zurück, wo er zum Konsul für das Jahr 205 v. Chr. gewählt wurde. Großer Sieg über Hannibal i. J. 202 bei Zama – **Hannibal**: größter Feldherr der Punier im zweiten Punischen Krieg. Hervorragender Sieger bei Cannae (216). 202 von Scipio Africanus Maior bei Zama entscheidend geschlagen. – **Carthaginienses**: Bewohner der Stadt Karthago an der Nordküste Afrikas – 5 **impendio**: bedeutend, bei weitem – **ostentum, i n.**: Zeichen, Wunderzeichen – 6 **piget**: es verdrießt – **Capitolium**: höchster südwestlicher Gipfel des kapitolinischen Hügels westlich vom Forum in Rom mit dem Tempel der drei Gottheiten Jupiter, Juno und Minerva – **solitare**: die Gewohnheit haben – **diluculare**: dämmern – **ventitare**: gehen, kommen – **aperire**: öffnen – **demorari**: verweilen – **aeditumus, i m.**: Tempeldiener – **demirari**: sich erstaunt wundern – **latrare**: bellen – **incurrere**: angreifen – 7 **admirandus, a, um**: bewundernswert, wunderbar – **huiusce modi**: derart, solch – 8 **assidēre**: belagern – **res cibaria**: Verpflegung, Proviant – **copiosus, a, um**: überreich – **procul**: von weitem – 9 **in iure**: es handelt sich hier um einen zivilrechtlichen Streitfall; der klagende Soldat ist mit dem beklagten vor dem Feldherrn erschienen, der im Felde auch die Rechtsprechung unter sich hat, die in Rom Sache des Prätors ist. – **vadimonium, i n.**: Gerichtstermin – 10 **protendere**: ausstrecken – **perendie**: übermorgen – **se sistere**: sich einstellen – 11 **vadare**: vor Gericht fordern.

12
Spiel und Wahrheit (VI, 5)

1 Historio in terra Graecia fuit fama celebri, qui gestus et vocis claritudine et venustate ceteris antistabat: 2 nomen fuisse aiunt Polum, tragoedias poetarum nobilium scite atque asseverate actitavit. 3 Is Polus unice amatum filium morte amisit. 4 Eum luctum quoniam satis visus est eluxisse, rediit ad quaestum artis. 5 In eo tempore Athenis Electram Sophoclis acturus gestare urnam quasi cum Orestis ossibus debebat. 6 Ita compositum fabulae argumentum est, ut veluti fratris reliquias ferens Electra comploret commisereaturque interitum eius existimatum. 7 Igitur Polus lugubri habitu Electrae indutus ossa atque urnam e sepulcro tulit filii et quasi Orestis amplexus opplevit omnia non simulacris neque imitamentis, sed luctu atque lamentis veris et spirantibus. 8 Itaque cum agi fabula videretur, dolor actus est.

13
Die Heiligkeit des Eides (VI, 18)

1 Iusiurandum apud Romanos inviolate sancteque habitum servatumque est. Id et moribus legibusque multis ostenditur, et hoc, quod dicemus, ei rei non tenue argumentum esse potest. 2 Post proelium Cannense Hannibal, Carthaginiensium imperator, ex captivis nostris electos decem Romam misit mandavitque eis pactusque est, ut, si populo Romano videretur, permutatio fieret captivorum et pro his, quos alteri plures acciperent, darent argenti pondo libram et semilibram. 3 Hoc, priusquam proficiscerentur, iusiurandum eos adegit redituros esse in castra Punica, si Romani captivos non permutarent.
4 Veniunt Romam decem captivi. 5 Mandatum Poeni imperatoris in senatu exponunt. 6 Permutatio senatui non placita. 7 Parentes, cognati adfinesque captivorum amplexi eos postliminio in patriam redisse dicebant statumque eorum integrum incolumemque esse ac, ne ad hostes redire vellent, orabant. 8 Tum octo ex his postliminium iustum non esse sibi responderunt, quoniam deiurio vincti forent, statimque, uti iurati erant, ad Hannibalem profecti sunt. 9 Duo reliqui Romae manserunt solutosque esse se ac liberatos religione dicebant, quoniam, cum egressi castra hostium fuissent, commenticio consilio regressi eodem, tamquam si ob aliquam fortuitam causam,

12 (VI,5)

1 **histrio, nis m.**: Schauspieler – **celeber, is, e**: berühmt – **gestus, us m.**: Gebärdenspiel – **venustas, tis f.**: Anmut, Feinheit – **antistare**: übertreffen – 2 **scite**: gekonnt – **asseverate**: sehr streng – **actitare**: darstellen – 3 **unicus, a, um**: einzigartig – **elugēre**: trauern, betrauern – 4 **quaestus, us m.**: Erwerbszweig – 5 **Electra**: Tochter des Agamemnon und der Klytemnästra, Schwester des Orestes, dargestellt in einer Tragödie des Sophokles – 6 **componere**: abfassen, dichten – **argumentum fabulae**: Inhalt des Stückes – **veluti**: vermeintlich – **complorare**: betrauern – **commisereri**: heftig beklagen – 7 **lugubris, e**: in Trauer befindlich – **amplecti**: umarmen – **simulacrum, i n.**: Abbild – **imitamentum, i n.**: Nachahmung – **lamentum, i n.**: Wehklagen, Wehgeschrei – **spirare**: hier: zu leben scheinen, nach dem Leben (von der Kunst des Schauspielers).

13 (VI,18)

1 **iusiurandum, i n.**: Eid, Schwur – **inviolatus, a, um**: unverletzlich – **tenuis, e**: gering – **proelium Cannense**: Schlacht bei Cannae i. J. 216 v. Chr., in der Hannibal den Römern eine sehr schwere Niederlage beibrachte – **Hannibal**: Feldherr der Karthager im zweiten Punischen Krieg (218–201 v. Chr.) – 2 **pacisci**: verabreden – **permutatio, nis f.**: Austausch – **libra, ae f.**: Pfund – **semilibra, ae f.**: halbes Pfund (ein Silberpfund ist der Gegenwert für 327 g Silber) – 3 **adigere**: veranlassen – **permutare**: austauschen – 5 **Poenus, a, um**: Punicus – 6 **senatui placet**: der Senat beschließt – 7 **cognati adfinesque**: Verwandte und Nachbarn – **amplecti**: umarmen – **postliminium, i n**: (līmen ‚Schwelle') ist ein Wort der Rechtssprache, das den Wiedereintritt eines aus der Bürgergemeinschaft Ausgeschiedenen, z. B. eines Kriegsgefangenen, in seine bürgerliche Stellung bezeichnet; postliminio in patriam redire bedeutet also: ‚durch die Rückkehr ins Vaterland die früheren bürgerlichen Rechte wiedererlangen' – 8 **deiurium, i n.**: das Ablegen eines hohen Eides – 9 **religio, nis f.**: religiöse Verpflichtung – **commenticius, a, um**: erlogen, erdichtet – **fortuitus, a, um**: zufällig – **iusiuran-**

issent atque ita iureiurando satisfacto rursum iniurati abissent. 10 Haec eorum fraudulenta calliditas tam esse turpis existimata est, ut contempti vulgo discerptique sint censoresque eos postea omnium notarum et damnis et ignominiis adfecerint, quoniam, quod facturos deieraverant, non fecissent.

11 Cornelius autem Nepos in libro *exemplorum* quinto id quoque litteris mandavit multis in senatu placuisse, ut hi, qui redire nollent, datis custodibus ad Hannibalem deducerentur, sed eam sententiam numero plurium, quibus id non videretur, superatam; eos tamen, qui ad Hannibalem non redissent, usque adeo intestabiles invisosque fuisse, ut taedium vitae ceperint necemque sibi consciverint.

14
Der Vater der Gracchen (VI, 19)

1 Pulchrum atque liberale atque magnanimum factum Tiberii Sempronii Gracchi in *exemplis* repositum est. 2 Id exemplum huiuscemodi est: L. Scipioni Asiatico, P. Scipionis Africani superioris fratri, C. Minucius Augurinus tribunus plebis multam irrogavit eumque ob eam causam praedes poscebat. 3 Scipio Africanus fratris nomine ad collegium tribunorum provocabat petebatque, ut virum consularem triumphalemque a collegae vi defenderent. 4 Octo tribuni cognita causa decreverunt.

5 Eius decreti verba, quae posui, ex annalium monumentis exscripta sunt: Quod P. Scipio Africanus postulavit pro L. Scipione Asiatico fratre, cum contra leges contraque morem maiorum tribunus plebis hominibus accitis per vim inauspicato sententiam de eo tulerit multamque nullo exemplo irrogaverit praedesque eum ob eam rem dare cogat aut, si non det, in vincula duci iubeat, ut eum a collegae vi prohibeamus; et quod contra collega postulavit, ne sibi intercedamus, quominus suapte potestate uti liceat, de ea re nostrum sententia omnium ea est: si L. Cornelius Scipio Asiaticus collegae arbitratu praedes dabit, collegae, ne eum in vincula ducat, intercedemus; si eius arbitratu praedes non dabit, quominus collega sua potestate utatur, non intercedemus.

6 Post hoc decretum cum Augurinus tribunus L. Scipionem praedes non dantem prendi et in carcerem duci iussisset, tunc Tiberius Sempronius Gracchus, tribunus plebis, pater Tiberi atque C. Gracchorum, cum P. Scipioni Africano inimicus gravis ob plerasque in re publica dissensiones esset, iuravit palam in amicitiam inque gratiam se cum P. Africano non redisse, atque ita decretum ex tabula recitavit.

dum satisfacere: dem Eid Genüge leisten – **iniuratus, a, um**: unbeeidet, ohne Eid – 10 **fraudulentus, a, um**: hinterlistig – **calliditas, tis f.**: Schlauheit, Schelmenstück – **discerpere**: schmähen – **nota, ae f.**: bei der alle 5 Jahre stattfindenden Bürgerversammlung (census), bei der Person, Familie, Waffen und Vermögen eines jeden Bürgers überprüft wurden, konnte ein Bürger, der gegen die guten Sitten (mos maiorum) verstoßen hatte, aus Senat oder Ritterstand ausgestoßen, in eine weniger angesehene Tribus versetzt oder durch einen Vermerk (**nota**) in der Bürgerliste öffentlich gemaßregelt werden. – **deierare = deiurare**: einen hohen Eid ablegen – 11 **Nepos (Cornelius)**: Verfasser eines Werkes de viris illustribus um 94–24 v. Chr. – **intestabilis, e**: verabscheut – **taedium, i n.**: Ekel, Überdruß – **necem sibi consciscere**: Selbstmord verüben.

14 (VI,19)

1 **Tiberius Sempronius Gracchus**: Vater der beiden Volkstribunen Tiberius und Caius Gracchus, die 133 und 121 v. Chr. ermordet wurden – **liberalis, e**: edel – **magnanimus, a, um**: großmütig – **in exemplis reponere**: unter den Beispielen aufzählen – 2 **L. Scipio Asiaticus**: Bruder des Publius Cornelius Scipio Africanus. Er hatte den Oberfehl im Krieg gegen Antiochos III., den er 190 v. Chr. besiegte – **huiusmodi**: derart – **multa, ae f.**: Geldstrafe – **irrogare**: auferlegen – **praedes, is m.**: Bürge – **collegium tribunorum**: es bestand aus 10 Volkstribunen – 3 **provocare**: Einspruch erheben – **consularis, is m.**: gewesener Konsul – **triumphalis**: der einen Triumph gefeiert hat – 4 **causam cognoscere**: den Fall untersuchen – **decernere**: das Gutachten abgeben – 5 **decretum, i n.**: Gutachten – **ponere**: beifügen – **accitus, a, um**: zusammengerufen – **inauspicato**: ohne Auspizien – **sententiam ferre de**: einen Urteilsspruch verfügen – **prohibere a**: schützen vor – **in vincula ducere**: ins Gefängnis werfen – **intercedere**: dazwischentreten, Einspruch erheben – **quominus**: damit nicht – **suapte**: verstärktes **sua** – **arbitratus, us m.**: Gutdünken – 6 **prendere=prehendere**: ergreifen, verhaften – **gravis, e**: heftig – **dissensio, nis f.**: Mei-

7 Eius decreti verba haec sunt: 'Cum L. Cornelius Scipio Asiaticus triumphans hostium duces in carcerem coniectaverit, alienum videtur esse dignitate rei publicae in eum locum imperatorem populi Romani duci, in quem locum ab eo coniecti sunt duces hostium; itaque L. Cornelium Scipionem Asiaticum a collegae vi prohibeo.'
8 Valerius autem Antias contra hanc decretorum memoriam contraque auctoritates veterum annalium post Africani mortem intercessionem istam pro Scipione Asiatico factam esse a Tiberio Graccho dixit neque multam irrogatam Scipioni, sed damnatum eum peculatus ob Antiochinam pecuniam, quia praedes non daret, in carcerem duci coeptum atque ita intercedente Graccho exemptum.

15
Ein begeisterter Schüler des Sokrates (VII, 10)

1 Philosophus Taurus, vir memoria nostra in disciplina Platonica celebratus, cum aliis bonis multis salubribusque exemplis hortabatur ad philosophiam capessendam, tum vel maxime ista re iuvenum animos expergebat, Euclidem quam dicebat Socraticum factitavisse. 2 'Decreto' inquit 'suo Athenienses caverant, ut, qui Megaris civis esset, si intulisse Athenas pedem prensus esset, ut ea res ei homini capitalis esset; 3 tanto Athenienses odio flagrabant finitimorum hominum Megarensium. 4 Tum Euclides, qui indidem Megaris erat quique ante id decretum et esse Athenis et audire Socratem consueverat, postquam id decretum sanxerunt, sub noctem, cum advesperasceret, tunica longa muliebri indutus et pallio versicolore amictus et caput rica velatus e domo sua Megaris Athenas ad Socratem commeabat, ut vel noctis aliquo tempore consiliorum sermonumque eius fieret particeps, rursusque sub lucem milia passuum paulo amplius viginti eadem veste illa tectus redibat. 5 At nunc videre est philosophos ultro currere, ut doceant, ad fores iuvenum divitum eosque ibi sedere atque opperiri ad meridiem, donec discipuli nocturnum omne vinum edormiant.'

16
Die erste Bibliothek in Griechenland (VII, 17)

1 Libros Athenis disciplinarum liberalium publice ad legendum praebendos primus posuisse dicitur Pisistratus tyrannus. De-

nungsverschiedenheit, Streit – 7 **in carcerem coniectare**: ins Gefängnis werfen – 8 **Valerius Antias**: Valerius aus Antium: Annalist um 130 v. Chr. – **peculatus (Gen.) damnare**: wegen Unterschlagung verurteilen – **eximere**: herausnehmen, befreien.

15 (VII,10)

1 **Sokrates**: griechischer Philosoph, hingerichtet 399 v. Chr. durch den Schierlingsbecher – **Platonicus, a, um**: zu Platon gehörig; Platon war ein Schüler des Sokrates, der seine Gedanken aufschrieb (427–347 v. Chr.) – **celebratus, a, um**: gefeiert – **saluber, is, e**: heilsam – **capessere**: ergreifen, sich beschäftigen – **expergere**: erregen – **Euclides**: griechischer Philosoph aus Megara, Schüler des Sokrates (**Socraticus**) – **factitare**: bestätigen – 2 **cavēre**: warnen, verbieten – **ut, qui** . . .: konstr. ut si (quis), qui M. civis esset, . . . intulisset, ea res . . .: – **Megara, Megarorum**: Stadt in Attika, westlich von Athen – **pedem inferre**: seinen Fuß setzen – **capitalis, e**: todbringend, gefährlich – 3 **odium, i n.**: Haß – 4 **indidem**: ebenfalls – **sancire**: in Kraft setzen – **sub noctem**: gegen die Nacht hin, am Abend – **advesperascere**: Abend werden – **pallium, i n.**: Mantel – **versicolor, is**: bunt – **amictus, a um**: umhüllt, bedeckt – **rica**; Kopftuch – **velare**: verhüllen – **commeare**: gehen – **particeps, -ipis**: teilhaftig – **rursus**: wiederum – 5 **ultro**: unerhörter Weise – **opperiri**: warten – **ad meridiem**: bis zum Mittag – **edormire**: ausschlafen.

16 (VII,17)

1 **Athenae**: Athen, die Hauptstadt Griechenlands in Attika – **disciplinae liberales**: Künste und Wissenschaften – **Pisistratus**: reicher, geistvoller, berühmter Athener aus edlem Geschlecht, Verwandter Solons. Während Solons Aufenthalt in Ägypten bemächtigte er sich 561 der Herrschaft in Athen. Tod etwa 527

inceps studiosius accuratiusque ipsi Athenienses auxerunt; sed omnem illam postea librorum copiam Xerxes Athenarum potitus urbe ipsa praeter arcem incensa abstulit asportavitque in Persas. 2 Eos porro libros universos multis post tempestatibus Seleucus rex, qui Nicanor appellatus est, referendos Athenas curavit.
3 Ingens postea numerus librorum in Aegypto ab Ptolemaeis regibus vel conquisitus vel confectus est ad milia ferme voluminum septingenta; sed ea omnia bello priore Alexandrino, dum diripitur ea civitas, non sponte neque opera consulta, sed a militibus forte auxiliariis incensa sunt.

17
König Philipp von Makedonien (IX, 3)

1 Philippus, Amyntae filius, terrae Macedoniae rex, cuius virtute industriaque Macetae locupletissimo imperio aucti gentium nationumque multarum potiri coeperant . . . 2 is Philippus, cum in omni fere tempore negotiis belli victoriisque adfectus exercitusque esset, a liberali tamen Musa et a studiis humanitatis numquam afuit, quin lepide comiterque pleraque et faceret et diceret. 3 Feruntur adeo libri epistularum eius munditiae et venustatis et prudentiae plenarum, velut sunt illae litterae, quibus Aristoteli philosopho natum esse sibi Alexandrum nuntiavit. 4 Ea epistula, quoniam curae diligentiaeque in liberorum disciplinas hortamentum est, exscribenda visa est ad commonendos parentum animos. 5 Exponenda est igitur ad hanc ferme sententiam:

'Philippus Aristoteli salutem dicit.

Filium mihi genitum scito. Quod equidem dis habeo gratiam, non proinde quia natus est, quam pro eo, quod nasci contigit temporibus vitae tuae. Spero enim fore, ut eductus eruditusque a te dignus exsistat et nobis et rerum istarum susceptione.'

v. Chr. – **deinceps**: nachher – **Xerxes**: Perserkönig von 486–405 v. Chr.. Nach dem Sieg bei den Thermopylen 480 wurde Athen, das von den Einwohnern verlassen worden war, besetzt und angezündet. Doch bald darauf wurde Xerxes bei Salamis und 479 bei Plataeae besiegt. Ermordet – **asportare**: wegschaffen – **Persae, arum – 2 porro**: weiterhin – **tempestas, tis f. = tempus – Seleucus**: Feldherr Alexanders des Großen, der seit 312 v. Chr. in Syrien regierte und 281 ermordet wurde. Beiname: Nikanor – **libros referendos curare**: die Bücher zurückbringen lassen – 3 **Aegyptus, i f – Ptolemaei reges**: das Geschlecht der Ptolemäer beherrschte Ägypten von 323–30 v. Chr. – **conquirere**: sammeln – **conficere**: zusammenbringen – **volumen, inis n.**: Rolle, Band – **bello priore Alexandrino**: es handelt sich um den Thronfolgekrieg zwischen Kleopatra und ihrem Bruder (48–47 v. Chr.), der durch das Eingreifen Caesars für Kleopatra entschieden wurde – **dum** (mit dem Indik. des Präsens): während – **diripere**: plündern – **sponte**: von selbst, freiwillig – **consultus, a, um**: wohl überlegt – **forte**: zufällig.

17 (IX,3)

1 König Philipp von Makedonien (359–336 v. Chr.) – **Macedonia**: Land im Nordosten Griechenland – **Macetae**: Makedonen – **locuples, etis**: reich, mächtig – 2 **negotium, i. n.**: Aufgabe, Beschäftigung – **adfectus . . . exercitusque** (exercēre): beschäftigt mit . . ., geübt, geschult in – **liberalis Musa**: die Wissenschaft – **humanitas, tis f.**: feine Bildung – **quin** = ut non (nach verneintem Hauptsatz) – **lepidus, a, um**: fein, liebenswürdig – **comiter**: freundlich – 3 **ferre**: überliefern – **adeo**: sogar – **munditia, ae f.**: Zierlichkeit, Feinheit – **venustas, tis f.**: Anmut – **Aristoteles**: griechischer Philosoph und Polyhistor, 384–322 v. Chr. – 4 **quoniam**: da ja, weil – **disciplina, ae f.**: Erziehung – **hortamentum, i n**: Ermunterung, Aufmunterung – **exscribere**: aus-, abschreiben – **commonēre**: ermahnen – 5 **exponere**: wiedergeben, auslegen – **sententia, ae f.**: Meinung, Sinn – **salutem dicere**: grüßen – **scito**: wisse (Ersatz für den einsilbigen Imperativ von **scire**) – **equidem**: indes – **proinde**: so sehr – **contingit**: es gelingt, glückt – **fore ut . . . exsistat**: steht für den fehlenden Infinitiv Futur – **exsistere**: auftreten, erscheinen – **susceptio, nis f.**: Übernahme.

18
Von seltsamen Märchenvölkern (IX, 4)

1 Cum e Graecia in Italiam rediremus et Brundisium iremus egressique e navi in terram in portu illo inclito spatiaremur, quem Q. Ennius remotiore paulum, sed admodum scito vocabulo 'praepetem' appellavit, fasces librorum venalium expositos vidimus. 2 Atque ego avide statim pergo ad libros. 3 Erant autem isti omnes libri Graeci miraculorum fabularumque pleni, res inauditae, incredulae, scriptores veteres non parvae auctoritatis: Aristeas Proconnesius et Isigonus Nicaeensis et Ctesias et Onesicritus et Polystephanus et Hegesias; 4 ipsa autem volumina ex diutino situ squalebant et habitu aspectuque taetro erant. 5 Accessi tamen percontatusque pretium sum et adductus mira atque insperata vilitate libros plurimos aere pauco emo eosque omnes duabus proximis noctibus cursim transeo; atque in legendo carpsi exinde quaedam et notavi mirabilia et scriptoribus fere nostris intemptata eaque his commentariis aspersi, ut, qui eos lectitabit, ne rudis omnino inter istiusmodi rerum auditiones reperiatur.

6 Erant igitur in illis libris scripta huiuscemodi: Scythas illos penitissimos, qui sub ipsis septentrionibus aetatem agunt, corporibus hominum vesci eiusque victus alimento vitam ducere; item esse homines sub eadem regione caeli unum oculum in frontis medio habentes, qui appellantur Arismaspi, qua fuisse facie Cyclopas poetae ferunt; alios item esse homines apud eandem caeli plagam singulariae velocitatis vestigia pedum habentes retro porrecta, non, ut ceterorum hominum, pro-

18 (IX,4)

1 **Brundisium**: Hafenstadt in Kalabrien nordöstlich von Tarent; Umschlaghafen nach Griechenland; heute Brindisi – **inclitus, a, um**: berühmt – **spatiari**: gehen – **Ennius**: aus Kalabrien, Schöpfer des römischen Epos, 239–169 v. Chr. – **remotus, a, um**: entfernt, unbekannt – **scitus, a, um**: passend – **praepes, tis**: sicher, glücklich – **fasces, ium m.**: Bund, Bündel – **venalis, e**: verkäuflich – **exponere**: ausstellen – 2 **avidus, a, um**: gierig, schnell – **pergere**: eilen – 3 **miraculum, i n.**: Wundererzählung – **inauditus, a, um**: unerhört – **incredulus, a, um**: unglaublich – **Aristeas Proconnesius**: aus Prokonnesos, lebte zur Zeit des Kroesus etwa in der Mitte des sechsten vorchristlichen Jahrhunderts. Herodot berichtet, daß er in seinem Gedicht von den Arimaspen Wahrheit und Sage sehr vermischt hat – **Isigonus Nicaeensis**: aus Nikaea; griechischer Geschichtsschreiber: **de fabulis miraculis** – **Ctesias**: griechischer Geschichtsschreiber und Arzt, Zeitgenosse Xenophons, kam etwa 416 v. Chr. an den Hof des Großkönigs von Persien – **Onesicritus**: Schüler des Kynikers Diogenes, Begleiter Alexanders des Großen auf seinem Zug durch Asien – **Polystephanus**: Paradoxograph, Schreiber von widersinnigen Behauptungen – **Hegesias**: Kyrenaiker, d. h. Anhänger einer auf Aristippos zurückgehenden philos. Richtung – 4 **volumen, inis n.**: Band, Buchrolle – **squalēre**: schmutzig sein – **habitus, us m.**: äußere Form – **aspectus, us m.**: Aussehen – **taeter, a, um**: häßlich – 5 **percontari**: erfragen, fragen nach – **vilitas, tis f.**: Billigkeit – **aes paucum**: wenig Geld – **cursim**: rasch – **carpere**: pflücken, auswählen – **exinde**: daraus – **intemptatus, a, um**: unberührt – **commentarius, i m.**: Aufzeichnung, Sammlung – **aspergere**: besprengen, hinzugesellen, einverleiben – **inauditus, a, um**: ungehört – **istiusmodi**: derartig – **reperire**: finden, treffen – 6 **Scythae**: Skythen, Volksstamm in Südrußland, Nomaden an der unteren Donau – **penitus**: tief drinnen – **sub ipsis septentrionibus**: im Norden (wörtl.: unter dem großen Bären) – **vesci** (m. Abl.): sich ernähren von – **aetatem agere**: leben – **victus, us m.**: Nahrung – **Arimaspi**: Reitervolk in der persischen Provinz Drangiana – **frons, tis f.**: Stirn – **facies, ei f.**: Gesicht, Antlitz – **Cyclopes** (**Cyclopas** ist griechischer Akk. im Plur.): der Sage nach wilde Riesen mit nur einem Auge; nach Homer in Sizilien anzusiedeln – **plaga, ae f.**: Gegend, Strich – **singularis, e**: einzigartig – **velocitas, tis f.**: Schnelligkeit – **vestigium, i n.**: Fußsohle, Spur – **retro**:

spectantia; praeterea traditum esse memoratumque in ultima quadam terra, quae 'Albania' dicitur, gigni homines, qui in pueritia canescant et plus cernant oculis per noctem quam interdiu; item esse compertum et creditum Sauromatas, qui ultra Borysthenem fluvium longe colunt, cibum capere semper diebus tertiis, medio abstinere.

7 Id etiam in isdem libris scriptum offendimus, quod postea in libro quoque Plinii Secundi *naturalis historiae* septimo legi, esse quasdam in terra Africa hominum familias voce atque lingua effascinantium, 8 qui si impensius forte laudaverint pulchras arbores, segetes laetiores, infantes amoeniores, egregios equos, pecudes pastu atque cultu opimas, emoriantur repente haec omnia nulli aliae causae obnoxia. Oculis quoque exitialem fascinationem fieri in isdem libris scriptum est, traditurque esse homines in Illyriis, qui interimant videndo, quos diutius irati viderint, eosque ipsos mares feminasque, qui visu ita nocenti sunt, pupillas in singulis oculis binas habere. 9 Item esse in montibus terrae Indiae homines caninis capitibus et latrantibus eosque vesci avium et ferarum venatibus; atque esse item alia apud ultimas orientis terras miracula, homines, qui 'monocoli' appellentur, singulis cruribus saltuatim currentes, vivacissimae pernicitatis; quosdam etiam esse nullis cervicibus oculos in humeris habentes. 10 Iam vero hoc egreditur omnem modum admirationis, quod idem illi scriptores gentem esse aiunt apud extrema Indiae corporibus hirtis et avium ritu plumantibus nullo cibatu vescentem, sed spiritu florum naribus hausto victitantem; Pygmaeos quoque haud longe ab his nasci, quorum qui longissimi sint, non longiores esse quam pedes duo et quadrantem

19
Die richtige Schreibweise (X, 1,7)

Cum Pompeius aedem Victoriae dedicaturus esset nomenque eius et honores scriberentur, quaesitum est, utrum 'consul tertio' inscribendum esset an 'tertium'. Eam rem Pompeius exquisitissime rettulit ad doctissimos civitatis, cumque dissentiretur et pars 'tertio', alii 'tertium' scribendum existimarent, rogavit Ciceronem Pompeius, ut, quod ei rectius videretur, scribi iuberet. Tum Ciceronem iudicare de viris doctis veritum esse, ne, quorum opinionem improbasset, ipsos videretur improbasse. Persuasit igitur Pompeio, ut neque 'tertium' neque 'tertio' rückwärts – **porrigere**: kehren, strecken – **prorsum**: vorwärts, nach vorn – **canescere**: grau werden – **ultro**: jenseits – **Sauromatae**s: Bewohner des osteuropäischen Tieflandes an Ostsee und Weichsel bis zur Wolga hin – **Borysthenes**: Fluß im europäischen Sauromatenland; heute Dnjepr – 7 **offendere**: aufspüren, finden – **Plinius Secundus**: vielseitiger Gelehrter in Rom, Polyhistor, kam 79 n. Chr. beim Ausbruch des Vesuvs um – **naturalis historia**: Naturgeschichte – **effascinare**: verhexen – 8 **impensus, a, um**: über die Maßen – **seges, tis f.**: die Saat – **amoenus, a, um**: hübsch – **egregius, a, um**: hervorragend – **pecudes, um**: Viehherden – **pastus, us m**: Weide – **opimus, a, um**: fett, nahrhaft – **emori**: absterben – **obnoxius, a, um** (m. Gen.): unterworfen, ausgesetzt – **exitialis, e**: verderbenbringend – **fascinatio, nis f.**: Verhexung – **Illyrii**: Bewohner von Illyrien, einer Gebirgslandschaft an der Ostküste des Adriatischen Meeres; das heutige Dalmatien, Bosnien, Albanien – **interimere**: umbringen, töten – **Konstr.**: **videndo eos . . ., quos . . .** – **mas, ris m.**: Mann – **visus, us m.**: Blick – 9 **India**: Land am Indus und Ganges, sagenhaftes Wunderland – **caninus, a, um**: zum Hund gehörig – **latrare**: bellen – **venatus, us m.**: Jagd – **monocolus, a, um**: eingliedrig, hier: Einfüßler – **crus, ris n.**: Schenkel – **saltuatim**: sprungweise – **vivax, cis**: rasch – **pernicitas, tis f.**: Behendigkeit – **cervix, cis f.**: Nacken, Hals – **humerus, i m.**: Schulter – **egredi**: übertreffen – 10 **hirtus, a, um**: struppig – **ritu avium**: nach Art der Vögel – **plumare**: befiedert sein – **cibatus, us m.**: Speise, Essen – **spiritus, us m.**: Atem, Duft – **nares, ium f.**: Nase – **victitare**: sich ernähren – **Pygmaei** (Däumlinge): ein im Süden Afrikas wohnendes Zwergvolk – **quadrans, tis**: ein Viertel.

19 (X,1,7)

Pompeius (Magnus): 106–48 v. Chr., Sieger über die Seeräuber und Mithridates von Pontus. Im Bürgerkrieg gegen Caesar wurde er 48 auf der Flucht ermordet – **aedes, is f.**: Tempel – **dedicare**: einweihen – **tertio und tertium**: zum dritten Mal – **exquisitus, a, um**: genau, sorgfältig – **dissentire**: nicht übereinstimmen – **Cicero (Marcus Tullius)**: berühmter Philosoph und Redner in Rom, 106–43 v. Chr. – **improbare**: nicht billigen –

scriberetur, sed usque ad secundum „t“ fierent litterae, ut verbo non perscripto res quidem demonstraretur, sed dictio tamen ambigua verbi lateret.

20
Übermut römischer Beamter (X, 3,2–5)

2 Legebamus adeo nuper orationem Gracchi *de legibus promulgatis,* in qua M. Marium et quosdam ex municipiis Italicis honestos viros virgis per iniuriam caesos a magistratibus populi Romani, quanta maxima invidia potest, conqueritur.
3 Verba haec sunt, quae super ea re fecit: 'Nuper Teanum Sidicinum consul venit. Uxor eius dixit se in balneis virilibus lavari velle. Quaestori Sidicino a M. Mario datum est negotium, uti balneis exigerentur, qui lavabantur. Uxor renuntiat viro parum cito sibi balneas traditas esse et parum lautas fuisse. Idcirco palus destitutus est in foro, eoque adductus suae civitatis nobilissimus homo M. Marius. Vestimenta detracta sunt, virgis caesus est. Caleni, ubi id audierunt, edixerunt, ne quis in balneis lavisse vellet, cum magistratus Romanus ibi esset. Ferentini ob eandem causam praetor noster quaestores arripi iussit: alter se de muro deiecit, alter prensus et virgis caesus est.'
4 In tam atroci re ac tam misera atque maesta iniuriae publicae contestatione ecquid est, quod aut ampliter insigniterque aut lacrimose atque miseranter aut multa copiosaque invidia gravique et penetrabili querimonia dixerit? brevitas sane et venustas et mundities orationis est, qualis haberi ferme in comoediarum festivitatibus solet.
5 Item Gracchus alio in loco ita dicit: 'Quanta libido quantaque intemperantia sit hominum adulescentium, unum exemplum vobis ostendam. His annis paucis ex Asia missus est, qui per id tempus magistratum non ceperat, homo adulescens pro legato. Is in lectica ferebatur. Ei obviam bubulcus de plebe Venusina advenit et per iocum, cum ignoraret, qui ferretur, rogavit, num mortuum ferrent. Ubi id audivit, lecticam iussit deponi, struppis, quibus lectica deligata erat, usque adeo verberari iussit, dum animam efflavit.'

dictio, nis f.: Ausdrucksweise – **ambiguus, a, um**: ungewiß, unentschieden.

20 (X,3,2–5)

2 **adeo**: gerade – **Gracchus: Gaius Gracchus**: Sohn des Tiberius Sempronius Gracchus, Enkel des älteren Publius Cornelius Scipio Africanus; Volkstribun 123 u. 122 v. Chr. Gesetzesvorschläge gegen die Aristokratie. 121 ermordet – **de legibus promulgatis**: über die öffentlich bekanntgegebenen Gesetzesvorschläge. In dieser 124/123 gehaltenen Rede beklagt er sich über die unwürdige Behandlung von Bürgern aus den ital. Landstädten durch röm. Beamte. – **M. Marius** (Egnatius): Adoptivsohn eines Bruders des Diktators Marius, von einem röm. Konsul mißhandelt – **municipium, i n.**: Bundes-, Landstadt – **virga, ae f.**: Rute – **invidia, ae f.**: Entrüstung, Unwille – **conqueri**: sich beklagen – 3 **Teanum**: Stadt im nördlichsten Kampanien in der Landschaft der Sidiciner – **balneae, arum f.**: Bad – **exigere**: heraustreiben – **parum cito**: nicht eben schnell – **lautus, a, um**: sauber – **palus, i m.**: Pfahl – **destituere**: errichten – **Caleni**: Bewohner der Stadt Cales im nördlichen Kampanien, nordwestlich von Capua – **Ferentinum**: Stadt im südlichen Etrurien im Gebiet der Herniker – **arripere**: aufgreifen – 4 **atrox, cis**: grausam – **contestatio, nis f.**: Nachweis – **ecquid** (fragend): denn etwa? – der Hauptsatz heißt: **ecquid est?** – **amplus, a, um**: klar – **insignis, e**: bezeichnend – **lacrimosus, a, um**: weinend, rührend – **miserans, tis**: mitleidsvoll – **copiosus, a, um**: reichlich – **invidia, ae f.**: Mißbilligung – **penetrabilis, e**: eindringlich, heftig – **querimonia, ae f.**: Klage – **sane**: gar wohl – **venustas, tis f.**: Anmut, Zauber – **munditíes, ei f.**: Feinheit, Eleganz – **festivitas, tis f.**: Heiterkeit, Prunk – 5 **intemperantia, ae f.**: Zügellosigkeit, Mutwille – **lectica, ae f.**: Sänfte, Trage – **bubulcus, i m.**: Ochsentreiber – **Venusinus, a, um**: aus Venusia, einer alten samnitischen Stadt in Apulien – **struppa, ae f.**: Tragriemen der Sänfte – **deligare**: befestigen – **usque adeo . . ., dum**: solange, bis – **animam efflare**: die Seele aushauchen, sterben.

21
Der Philosoph Demokrit und seine Märchen (X, 12)

1 Librum esse Democriti, nobilissimi philosophorum, *de vi et natura chamaeleontis* eumque se legisse Plinius Secundus in *naturalis historiae* vicesimo octavo refert multaque vana atque intoleranda auribus deinde quasi a Democrito scripta tradit, ex quibus pauca haec inviti meminimus, quia pertaesum est: 2 accipitrem avium rapidissimum a chamaeleonte humi reptante, si eum forte supervolet, detrahi et cadere vi quadam in terram ceterisque avibus laniandum sponte sua obicere sese et dedere. Item aliud ultra humanam fidem: 3 caput et collum chamaeleontis si uratur ligno, quod appellatur 'robur', imbres et tonitrus fieri derepente, idque ipsum usu venire, si iecur eiusdem animalis in summis tegulis uratur. 4 Item aliud, quod hercle an ponerem dubitavi, – ita est deridiculae vanitatis – nisi idcirco plane posui, quod oportuit nos dicere, quid de istiusmodi admirationum fallaci inlecebra sentiremus, qua plerumque capiuntur et ad perniciem elabuntur ingenia maxime sollertia eaque potissimum, quae discendi cupidiora sunt. 5 Sed redeo ad Plinium. Sinistrum pedem ait chamaeleontis ferro ex igni calefacto torreri cum herba, quae appellatur eodem nomine chamaeleontis, et utrumque macerari unguento colligique in modum pastilli atque in vas mitti ligneum et eum, qui id vas ferat, etiamsi is in medio palam versetur, a nullo videri posse.

6 His portentis atque praestigiis a Plinio Secundo scriptis non dignum esse cognomen Democriti puto; 7 vel illud quale est, quod idem Plinius in decimo libro Democritum scripsisse adseverat aves quasdam esse certis vocabulis et earum avium confuso sanguine gigni serpentem; eum si quis ederit, linguas avium et colloquia interpretaturum.

8 Multa autem videntur ab hominibus istis male sollertibus huiuscemodi commenta in Democriti nomen data nobilitatis auctoritatisque eius perfugio utentibus. 9 Sed id, quod Archytam Pythagoricum commentatum esse atque fecisse traditur, neque minus admirabile neque tamen vanum aeque videri debet. Nam et plerique nobilium Graecorum et Favorinus philosophus, memoriarum veterum exsequentissimus, affirmatissime scripserunt simulacrum columbae e ligno ab Archyta ratione quadam disciplinaque mechanica factum volasse; ita erat scilicet libramentis suspensum et aura spiritus inclusa atque occulta concitum.

21 (X, 12)

1 **Democritus**: Philosoph aus Abdera in Thrakien um 410 v. Chr., Begründer der Lehre von den Atomen – **Plinius Secundus**: einer der gebildetsten und vielseitigsten Gelehrten Roms, kam 79 n. Chr. beim Ausbruch des Vesuv um. Werk: **naturales historiae** – **chamaeleon, tis**: Chamaeleon (Eidechsenart) – **vanus, a um**: leer, eitel, nichtig – **invitus, a um**: mit Widerwillen – **pertaesum est**: es ist ekelerregend – 2 **accipiter, tris m.**: Habicht, Falke – **rapidus, a um**: reißend, schnell – **reptare**: kriechen – **supervolare**: über . . . hinwegfliegen – **detrahere**: herunterziehen – **laniare**: zerreißen – **laniandum**: Gerundiv – **sua sponte**: ohne Widerstand – 3 **ultra**: über hinaus (als Verbum ergänze **addit**) – **collum, i n.**: Hals – **robur, oris n.**: Kernholz, Eiche – **imber, is m.**: Regenguß – **tonitrus, us m.**: Donner, Gewitter – **derepente**: plötzlich – **usu venire**: sich ereignen – **iecur, oris n.**: Leber – **in summis tegulis**: auf der Zinne eines Ziegeldaches – 4 **hercle**: beim Herkules! – **ponere**: hersetzen – **deridiculus, a, um**: lächerlich – **vanitas, tis f.**: Unaufrichtigkeit, Lügenhaftigkeit – **idcirco**: deshalb – **istiusmodi**: derart – **admiratio, onis f.**: hier: Verwunderung – **fallax, cis**: verlogen – **inlecebra, ae f.**: Verlockung – **pernicies, ei f.**: Verderben – **elabi**: ausgleiten – **sollers, tis**: erfinderisch, schlau – 5 **calefacere**: erwärmen – **torrere**: rösten – Das Kraut heißt Chamaeleon – **macerare**: einweichen, verrühren – **unguentum, i, n.**: Salbe – **patillum, i n.**: kleiner Kuchen – **palam**: offensichtlich – 6 **portentum, i. n.**: Wunder – **praestigium, i n.**: Gaukelei – 7 **adseverare**: versichern – **confundere**: vermischen – **gignere**: erzeugen – **interpretari**: deuten, verstehen – 8 **commentum i. n.**: Erdichtung, Lüge – **perfugium, i n.**: Zuflucht – 9 **Archytas**: aus Tarent, berühmter Mathematiker, etwa um 400 v. Chr. – **Pythagoricus, a, um**: zur Sekte des Pythagoras gehörend – **commentari**: überdenken, ersinnen – **exsequens, tis**: hervorragend im Schreiben – **affirmatus, a, um**: sicher gewiß – **simulacrum, i n.**: Bild, Nachbildung – **ratione quadam**: nach einem gewissen System – **vibramentum, i n.**: Schwungkraft – **suspendere**: in die Höhe treiben – **aura, ae f.**: Luft – **includere**: einschließen – **concitus, a, um**: bewegt.

22
Artemisia (X, 18)

1 Artemisia Mausolum virum amasse fertur supra omnes amorum fabulas ultraque affectionis humanae fidem. 2 Mausolus autem fuit, ut M. Tullius ait, rex terrae Cariae, ut quidam Graecarum historiarum scriptores, provinciae praefectus. 3 Is Mausolus, ubi fato perfunctus inter lamenta et manus uxoris funere magnifico sepultus est, Artemisia, luctu atque desiderio mariti flagrans uxor, ossa cineremque eius mixta odoribus contusaque in faciem pulveris aquae indidit ebibitque multaque alia violenti amoris indicia fecisse dicitur. 4 Molita quoque est ingenti impetu operis conservandae mariti memoriae sepulcrum illud memoratissimum dignatumque numerari inter septem omnium terrarum spectacula. 5 Id monumentum Artemisia cum dis manibus sacris Mausoli dicaret, agona, id est certamen laudibus eius dicendis, facit ponitque praemia pecuniae aliarumque rerum bonarum amplissima. 6 Ad eas laudes decertandas venisse dicuntur viri nobiles ingenio atque lingua praestabili, Theopompus, Theodectes, Naucrates; sunt etiam, qui Isocratem ipsum cum his certavisse memoriae mandaverint. Sed eo certamine vicisse Theopompum iudicatum est. Is fuit Isocratis discipulus.

7 Exstat nunc quoque Theodecti tragoedia, quae inscribitur Mausolus; in qua eum magis quam in prosa placuisse Hyginus in *exemplis* refert.

23
Lebensweise und Sitten der Frauen im alten Rom (X, 23)

1 Qui de victu atque cultu populi Romani scripserunt, mulieres Romae atque in Latio aetatem abstemias egisse, hoc est vino semper, quod 'temetum' prisca lingua appellabatur, abstinuisse dicunt, institutumque, ut cognatis osculum ferrent deprehendendi causa, ut odor indicium faceret, si bibissent. 2 Bibere autem solitas ferunt loream, passum, murrinam et quae id genus sapiant potu dulcia. Atque haec quidem in his, quibus dixi, libris pervulgata sunt; 3 sed Marcus Cato non solum existimatas, sed et multatas quoque a iudice mulieres refert non minus, si vinum in se, quam si probrum et adulterium admisissent.

22 (X, 18)

1 **Artemisia**: Königin von Halikarnaß, erbaute ihrem toten Gemahl Mausolus ein prachtvolles Grabmal, um 364 v. Chr. Sie starb unter Alexander dem Großen – **ultra**: über hinaus – **affectio, nis f.**: Liebe, Leidenschaft – **fides, ei f.**: Treue, Glaube – **Caria**: Landschaft in Kleinasien – 3 **fato perfungi**: sterben – **lamentum, i n.**: Wehklagen, Jammern – **funus, eris n.**: Leichenbegängnis, Bestattung – **sepelire**: begraben, bestatten – **desiderium, i n.**: Sehnsucht – **os, ossis n.**: Gebein – **cinis, eris m.**: Asche – **contundere**: zerreiben – **facies, ei f.**: Form, Art – **pulvis, eris m.**: Pulver, Staub – **indere**: hineinschütten – **ebibere**: austrinken – **violentus, a, um**: heftig – **indicium, i n.**: Zeichen – 4 **moliri**: ins Werk setzen, errichten – **memoratus, a, um**: erwähnenswert, berühmt – **dignatus, a, um**: gewürdigt, geachtet – **spectaculum, i n.**: Wunder – 5 **manes, ium**: Hausgötter – **agon, is m.** (mit griechischem Akk. **agona**): Wettstreit – **amplus, a, um**: ansehnlich, groß – **laudes**: Lobpreisung – 6 **Theopompus**: aus Chios, geb. um 380 v. Chr., berühmter Redner und Geschichtsschreiber – **Theodectes**: Lyder, Schüler des Isokrates – **Naucrates**: aus Erythrae, einer Küstenstadt in Jonien; Schüler des Redners Isokrates (436–338) – **praestabilis, e**: hervorragend, ausgezeichnet – 7 **exstare**: vorhanden sein, existieren – **inscribere**: überschreiben – **prosa, ae f.**: ungebundene Rede – **referre**: berichten.

23 (X, 23)

1 **victus, us m.**: Lebensweise – **Latium**: Landschaft in Mittelitalien zwischen Etrurien und Kampanien; Mutterland Roms – **abstemius, a, um**: nüchtern, enthaltsam – **temetum, i n.**: Most (als berauschendes Getränk) – **osculum, i n.**: Kuß – **deprehendere**: ertappen, überführen – **odor, is m.**: Geruch – **indicium, i n.**: Anzeige – 2 **lorea, e f.**: Tresterwein – **passum, i n.**: Sekt – **murrina, ae f.**: Gewürzwein – **sapere**: schmecken – **pervulgare**: verbreiten – 3 **Marcus Cato**: gemeint ist Marcus Porcius Cato, Vertreter alter römischer Sitte, 95–46 v. Chr. – **multare**: bestrafen – **probrum, i. n.**: Unzucht – **adulterium, i n.**: Ehebruch – **admittere**: begehen –

4 Verba Marci Catonis adscripsi ex oratione, quae inscribitur *de dote,* in qua id quoque scriptum est in adulterio uxores deprehensas ius fuisse maritis necare: 'Vir' inquit 'cum divortium fecit, mulieri iudex pro censore est, imperium, quod videtur, habet, si quid perverse taetreque factum est a muliere; multatur, si vinum bibit; si cum alieno viro probri quid fecit, condemnatur.' 5 De iure autem occidendi ita scriptum: 'In adulterio uxorem tuam si prehendisses, sine iudicio impune necares; illa te, si adulterares sive tu adulteraveris, digito non auderet contingere, neque ius est.

24
Römer und Karthager (X, 27)

1 In litteris veteribus memoria exstat, quod par quondam fuit vigor et acritudo amplitudoque populi Romani atque Poeni; 2 neque inmerito aestimatum: cum aliis quidem populis de uniuscuiusque re publica, cum Poenis autem de omnium terrarum imperio decertatum.

3 Eius rei specimen est in illo utriusque populi verbo factum: Q. Fabius, imperator Romanus, dedit ad Carthaginienses epistulam. Ibi scriptum fuit populum Romanum misisse ad eos hastam et caduceum, signa duo belli aut pacis, ex quis, utrum vellent, eligerent; quod elegissent, id unum ut esse missum existimarent. 4 Carthaginienses responderunt neutrum sese eligere, sed posse, qui attulissent, utrum mallent, relinquere; quod reliquissent, id sibi pro electo futurum.

5 M. autem Varro non hastam ipsam neque ipsum caduceum missa dicit, sed duas tesserulas, in quarum altera caducei, in altera hastae simulacra fuerint incisa.

25
Bestechlichkeit der Redner (XI, 10,1–6)

1 Quod in capite superiore a Critolao scriptum esse diximus super Demosthene, id C. Gracchus in oratione, qua legem Aufeiam dissuasit, in Demadem contulit verbis hisce: 2 'Nam vos, Quirites, si velitis sapienta atque virtute uti, etsi quaeritis, neminem nostrum invenietis sine pretio huc prodire. Omnes nos, qui verba facimus, aliquid petimus, neque ullius rei causa quisquam ad vos prodit, nisi ut aliquid auferat.

4 **dos, tis f.**: Mitgift – **divortium, i n.**: Scheidung – **pro**: anstelle – **perversus, a, um**: ungebührlich – **taeter, a, um**: ungebührlich, häßlich, schimpflich – 5 **occidere**: töten – **iudicium, i n.**: Gerichtsurteil – **adulterare**: Ehebruch treiben – **digitus, i m.**: Finger – **contingere**: berühren.

24 (X, 27)

1 **litterae, arum f.**: Schriften, Werke – **exstare**: existieren, sich finden – **vigor, is m.**: Macht, Blüte – **acritudo, inis f.**: Beherztheit – **amplitudo, inis f.**: Ansehen – 2 **aestimare**: schätzen, abschätzen – **unusquisque**: jeder einzelne – **decertare de**: um die Entscheidung kämpfen – 3 **specimen, inis n.**: Probe, Gewähr – **Q. Fabius (Maximus Cunctator)**: er vermied im zweiten Punischen Krieg jeden Kampf mit Hannibal; dadurch ermüdete und schwächte er den Punier, während er selbst neue Streitkräfte für Roms Heer sammelte. Gestorben 203 v. Chr. – **caduceus, i m.**: Friedensstab – **ex quis = ex quibus** – **tesserula, ae f.**: Spielmarke – **simulacrum, i n.**: Bild – **incidere**: schneiden, einritzen.

25 (XI, 10,1–6)

1 **caput, itis n.**: Kapitel – **Critolaus**: aus Lykien, Peripatetiker in Athen, kam 155 v. Chr. als athenischer Gesandter nach Rom, wo er sich der Redekunst widmete – **Demosthenes**: berühmter griechischer Redner im vierten vorchristlichen Jahrhundert – **C. Gracchus**: Sohn des Sempronius Gracchus. Enkel des älteren Scipio Africanus: Volkstribun 123/122 v. Chr., 121 ermordet. – **lex Aufeia**: sie wollte einige nicht näher bekannte Beziehungen zwischen Mithridates, Nicomedes und dem römischen Volk ordnen – **Demades**: aus Athen; Ruderknecht; dann berühmter Redner, Rivale des Demosthenes. 319 v. Chr. durch den Makedonenkönig Antipater wegen Majestätsbeleidigung hingerichtet – **conferre in**: übertragen auf, in den Mund legen – 2 **Quirites**: Anrede römischer Vollbürger – **prodire**: hervor-, an die Öffent-

3 Ego ipse, qui apud vos verba facio, ut vectigalia vestra augeatis, quo facilius vestra commoda et rem publicam administrare possitis, non gratis prodeo; verum peto a vobis non pecuniam, sed bonam existimationem atque honorem. 4 Qui prodeunt dissuasuri, ne hanc legem accipiatis, petunt non honorem a vobis, verum a Nicomede pecuniam; qui suadent, ut accipiatis, hi quoque petunt non a vobis bonam existimationem, verum a Mitridate rei familiari suae pretium et praemium; qui autem ex eodem loco atque ordine tacent, hi vel acerrimi sunt; nam ab omnibus pretium accipiunt et omnes fallunt. 5 Vos, cum putatis eos ab his rebus remotos esse, impertitis bonam existimationem; 6 legationes autem a regibus, cum putant eos sua causa reticere, sumptus atque pecunias maximas praebent, item uti in terra Graecia, quo in tempore Graecus tragoedus gloriae sibi ducebat talentum magnum ob unam fabulam datum esse, homo eloquentissimus civitatis suae Demades ei respondisse dicitur: 'Mirum tibi videtur, si tu loquendo talentum quaesisti? ego, ut tacerem, decem talenta a rege accepi.' Item nunc isti pretia maxima ob tacendum accipiunt.'

26
Romulus und der Weingenuß (XI, 14)

1 Simplicissima suavitate et rei et orationis L. Piso Frugi usus est in primo annali, cum de Romuli regis vita atque victu scriberet. 2 Ea verba, quae scripsit, haec sunt: Eundem Romulum dicunt ad cenam vocatum ibi non multum bibisse, quia postridie negotium haberet. Ei dicunt: 'Romule, si istud omnes homines faciant, vinum vilius sit'. His respondit: 'immo vero carum, si, quantum quisque volet, bibat; nam ego bibi, quantum volui'.

27
Denkwürdige Beispiele für die Aussöhnung berühmter Männer (XII, 8)

1 P. Africanus superior et Tiberius Gracchus, Tiberii et C. Gracchorum pater, rerum gestarum magnitudine et honorum atque vitae dignitate illustres viri, dissenserunt saepenumero de re publica et ea sive qua alia re non amici fuerunt. 2 Ea simultas cum diu mansisset et sollemni die epulum Iovi libaretur atque

lichkeit treten – 3 **vectigal, is n.**: Steuern – **existimatio, nis f.**: Hochschätzung – 4 **dissuadēre**: wider-, abraten – **Nicomedes**: König von Bithynien, der bei seinem Tod (74 v. Chr.) sein Reich mit allen Schätzen den Römern vermachte – **Mitridates** (gewöhnlich Mithridates): König von Pontus wurde 64 v. Chr. von Pompeius besiegt – **rei familiari suae**: zur Vergrößerung ihres Vermögens – **pretium, i n.**: Preis, Belohnung – 5 **impertire**: zuteilen, schenken – 6 **sua causa**: in ihrem Interesse – **sumptus, us m.**: Aufwand – **quo in tempore**: als – **tragoedus, i m.**: Schauspieler – **gloriae ducere**: sich als Ruhm anrechnen, sich etwas einbilden – **talentum magnum**: großes (attisches) Talent etwa im Wert von DM 5 000,– – **eloquens, tis**: beredt.

26 (XI, 14)

1 **suavitas, tis f.**: Lieblichkeit, Feinheit – **simplex, cis**: einfach – **L. Piso**: mit dem Beinamen Frugi = der „Biedere“: Volkstribun 149 v. Chr. Als Konsul besiegte er die Sklaven in Sizilien; er schrieb Annalen – **victus, us m.**: Lebensart – **Romulus**: sagenhafter erster König Roms, der die Stadt 753 gegründet haben soll; Sohn der Rea Silvia und des Mars; 753–716 v. Chr. – 2 **negotium habere**: ein Staatsgeschäft haben – **vilis, e**: billig – **immo vero**: im Gegenteil – **carus, a, um**: teuer.

27 (XII, 8)

1 **P. Africanus: Publius Cornelius Scipio Africanus Maior**: aus der hochberühmten gens Cornelia, erhielt den Oberbefehl über die römischen Truppen in Spanien und kehrte nach der Eroberung von Gades nach Rom zurück, wo er zum Konsul für das Jahr 205 v. Chr. gewählt wurde. Großer Sieg über Hannibal 202 bei Zama – **res gestae**: Heldentaten – **honores, um m.**: Ehrenämter – **dissentire**: verschiedener Meinung sein – **saepenumero**: sehr häufig – 2 **simultas, tis f.**: gespanntes Verhältnis – **dies sollemnis**: Feiertag – **epulum libare**: ein Opfermahl feiern – **Iovi**: An dem Stiftungstage des kapitolinischen Tempels, dem 13. September, wurde dem Jupiter ein Festessen bereitet, an dem der gesamte Senat teilnahm. Zur Zeit Scipios geschah dies schon nach griechischem Ritus in der Form des lectisternium.

ob id sacrificium senatus in Capitolio epularetur, fors fuit, ut apud eandem mensam duo illi iunctim locarentur. 3 Tum quasi diis inmortalibus arbitris in convivio Iovis optimi maximi dexteras eorum conducentibus repente amicissimi facti. Neque solum amicitia incepta, sed adfinitas simul instituta; 4 nam P. Scipio filiam virginem habens iam viro maturam ibi tunc eodem in loco despondit eam Tiberio Gracсho, quem probaverat elegeratque exploratissimo iudicii tempore, dum inimicus esset.
5 Aemilius quoque Lepidus et Fulvius Flaccus nobili genere amplissimisque honoribus ac summo loco in civitate praediti odio inter sese gravi et simultate diutina conflictati sunt. 6 Postea populus eos simul censores facit. Atque illi, ubi voce praeconis renuntiati sunt, ibidem in campo statim nondum dimissa contione ultro uterque et pari voluntate coniuncti complexique sunt exque eo die et in ipsa censura et postea iugi concordia fidissime amicissimeque vixerunt.

28
Eine schlaue Ausrede (XII, 12)

1 Haec quoque disciplina rhetorica est callide et cum astu res criminosas citra periculum confiteri, ut, si obiectum sit turpe aliquid, quod negari non queat, responsione ioculari eludas et rem facias risu magis dignam quam crimine, sicut fecisse Ciceronem scriptum est, cum id, quod infitiari non poterat, urbano facetoque dicto diluit. 2 Nam cum emere vellet in Palatio domum et pecuniam in praesens non haberet, a P. Sulla, qui tum reus erat, mutua sestertium vicies tacita accepit. 3 Ea res tamen, priusquam emeret, prodita est et in vulgus exivit, obiectumque ei est, quod pecuniam domus emendae causa a reo accepisset. 4 Tum Cicero inopinata obprobratione permotus accepisse se negavit ac domum quoque se empturum negavit atque: 'adeo' inquit 'verum sit accepisse me pecuniam, si domum emero'. Sed cum postea emisset et hoc mendacium in senatu ei ab amicis abiceretur, risit satis atque inter ridendum: 'dementes' inquit 'homines estis, cum ignoratis prudentis et cauti patris familias esse, quod emere velit, empturum sese negare propter competitores emptionis'.

Dabei wurde eine Puppe, die den Gott vorstellte, auf ein mit Decken belegtes Speisesofa (lectus stratus) gelegt – **Capitolium:** höchste südwestliche Erhebung des kapitolinischen Hügels westlich vom Forum in Rom mit dem Tempel der drei Gottheiten Jupiter, Juno und Minerva – **epulari**: speisen – **fors, tis f.**: Zufall – **iunctim**: dicht nebeneinander – **locari**: Platz finden – 3 **quasi**: gewissermaßen – **conducere**: zusammenführen – **adfinitas, tis f.**: Verwandtschaft – 4 **filia viro matura**: heiratsfähiges Mädchen – **desponděre**: verloben – 5 **Aemilius Lepidus**: machte als Konsul 78 v. Chr. den vergeblichen Versuch, mit bewaffneter Hand die Einrichtungen Sullas umzustürzen; von Pompeius geschlagen, starb er in Sardinien – **Fulvius Flaccus**: die Fulvier sind ein altes plebeisches Geschlecht in Rom, das aus Tusculum stammte – **conflictari**: sich bekämpfen – 6 **simul**: zugleich, gleichzeitig – **praeco, nis m.**: Herold – **contio, onis f.**: Volksversammlung – **ultro**: aus freien Stücken – **complecti**: umarmen – **iugis, e**: beständig, dauernd.

28 (XII, 12)

1 **disciplina, ae f.**: Kenntnis, Wissen – **callidus, a, um**: schlau – **astu, us n.**: List – **criminosus, a um**: verleumderisch, gehässig – **citra**: diesseits, ohne – **quire**: können – **responsio, nis f.**: Antwort – **iocularis, e**: scherzhaft – **eludere**: verspotten – **crimen, inis n.**: Vorwurf, Schuld – **Cicero**: **Marcus Tullius Cicero**: aus Arpinum, 106–43 v. Chr., größter römischer Redner, Staatsmann und Philosoph – **infitiari**: in Abrede stellen, leugnen – **urbanus, a um**: städtisch, fein – **facetus, a, um**: fein elegant, witzig – **dictum, i n.**: Wort – **diluere**: auflösen, entkräften – 2 **Palatium**: palatinischer Berg in Rom zwischen dem Aventinus und Capitolinus, südlich vom Forum – **P. Sulla**: Neffe des Diktators Sulla, von Cicero 62 v. Chr. wegen Teilnahme an der Verschwörung des Catilina erfolgreich verteidigt – **reus, i m.**: Angeklagter – **mutua accipere**: ein Darlehen erhalten – **mutua** ist mit dem bei **vicies** ausgelassenen **milia** übereingestimmt, und **tacita** ist dazu Praedicativum; der ganze Ausdruck müßte also heißen: **vicies centena milia sestertium**: 20 x 100 000 Sesterzen = 2 000 000 Sesterzen – 3 **prodere**: an die Öffentlichkeit bringen – **exivit = exiit** – 4 **inopinatus, a, um**: unerwartet – **obprobratio, nis f.**: Vorwurf – **sit**: potentialer Konjunktiv – **dementes**: ohne gewöhnlichen Menschenverstand – **cautus, a, um**: vorsichtig, umsichtig – **competitor, is m.**: Mitbewerber – **emptio, nis f.**: Kauf.

29
Xenophon und Platon (XIV, 3)

1 Qui de Xenophontis Platonisque vita et moribus pleraque omnia exquisitissime scripsere, non afuisse ab eis motus quosdam tacitos et occultos simultatis aemulationisque mutuae putaverunt et eius rei argumenta quaedam coniectatoria ex eorum scriptis protulerunt. 2 Ea sunt profecto huiuscemodi: quod neque a Platone in tot numero libris mentio usquam facta sit Xenophontis neque item contra ab eo in suis libris Platonis, quamquam uterque ac maxime Plato complurium Socratis sectatorum in sermonibus, quos scripsit, commeminerit. 3 Id etiam esse non sincerae neque amicae voluntatis indicium crediderunt, quod Xenophon inclito illi operi Platonis, quod de optimo statu rei publicae civitatisque administrandae scriptum est, 4 lectis ex eo duobus fere libris, qui primi in volgus exierant, opposuit contra conscripsitque diversum regiae administrationis genus, quod Cyri educationis nominatum est.
5 Praeterea putant id quoque ad ista, quae dixi, accedere, quod Xenophon in libris, quos dictorum atque factorum Socratis commentarios composuit, negat Socratem de caeli atque naturae causis rationibusque umquam disputavisse, ac ne disciplinas quidem ceteras, quae ad bene beateque vivendum non pergerent aut attigisse aut comprobasse, idcircoque turpiter eos mentiri dicit, qui dissertationes istiusmodi Socrati adtribuerent. 6 'Hoc autem' inquiunt 'Xenophon cum scripsit, Platonem videlicet notat, in cuius libris Socrates physica et musica et geometrica disserit.' 7 Sed enim de viris optimis et gravissimis si credendum hoc aut suspicandum fuit, causam equidem esse arbitror non obtrectationis nec invidiae neque de gloria maiore parienda certationis; haec enim procul a moribus philosophiae absunt, in quibus illi duo omnium iudicio excelluerunt. Quae igitur est opinionis istius ratio? 8 Haec profecto est: aequiperatio ipsa plerumque et parilitas virtutum inter sese consimilium, etiamsi contentionis studium et voluntas abest, speciem tamen aemulationis creat. 9 Nam cum ingenia quaedam magna duorum pluriumve in eiusdem rei studio illustrium aut pari sunt fama aut proxima, oritur apud diversos favisores eorum industriae laudisque aestimandae contentio. 10 Tum postea ex alieno certamine ad eos quoque ipsos contagium certationis adspirat, cursusque eorum ad eandem virtutis calcem pergentium, quando est compar vel ambiguus, in aemulandi suspiciones non suo, sed faven-

29 (XIV, 3)

1 **Xenophon, tis**: griechischer Feldherr, Geschichtsschreiber und Philosoph, 440–354 v. Chr. – **Plato, nis**: hervorragender Philosoph in Athen von 427–347 v. Chr. – **exquisitus, a, um**: ausgesucht, ausgezeichnet – **motus, us m.**: Regung, Empfindung – **simultas, tis f.**: Mißgunst, Feindschaft – **aemulatio, nis f.**: Eifersucht – **mutuus, a, um**: gegenseitig – **coniectatorius, a, um**: auf Vermutung beruhend – **proferre**: anführen, vorbringen – 2 **profecto**: jedenfalls – **huiuscemodi**: derart – **mentionem facere**: Erwähnung tun – **sectator, is m.**: Anhänger – **commeminisse**: erwähnen – 3 **sincerus, a, um**: rein, lauter – **indicium, i n.**: Anzeichen – **inclitus, a, um**: berühmt – **status, us m.**: Zustand – 5 **commentarius, i m.**: Aufzeichnung, Denkwürdigkeit – **Socrates**: Philosoph des griechischen Altertums; 399 v. Chr. durch den Schierlingsbecher hingerichtet – **componere**: schreiben, herausgeben – **pergere**: hinführen – **attingere**: berühren – **idcircoque**: und deswegen – **dissertatio, nis f.**: Erörterung – 6 **videlicet**: natürlich – **notare**: bezeichnen, anspielen auf – **physicus, a, um**: physikalisch – **musicus, a, um**: musisch – **geometricus, a, um**: geometrisch (Alle drei Formen sind Akkusative des Neutrums in der Mehrzahl) – 7 **obtrectatio, nis f.**: Eifersucht, Mißgunst – **parere**: gewinnen – **excellere**: hervorragen – **ratio, nis f.**: Grund – 8 **aequiperatio, nis f.**: Vergleich, hier: die gleiche Kraft – **parilitas, tis f.**: Gleichheit – **consimilis, e**: ähnlich – **species, ei f.**: Anschein – 9 **favisor, is m.**: Gönner – 10 **contagium, i n.**: Ansteckung – **calx, cis f.**: Ziel, Ende – **compar, is**: gleich – **ambiguus, a, um**: zweifelhaft – **aemulari**: eifersüchtig

tium studio delabitur. 11 Proinde igitur et Xenophon et Plato, Socraticae amoenitatis duo lumina, certare aemularique inter sese existimati sunt, quia de his apud alios, uter esset exsuperantior, certabatur et quia duae eminentiae, cum simul iunctae in arduum nituntur, simulacrum quoddam contentionis aemulae pariunt.

30
Gracchus' Unbestechlichkeit (XV, 12)

1 C. Gracchus, cum ex Sardinia rediit, orationem ad populum in contione habuit. 2 Ea verba haec sunt: 'Versatus sum' inquit 'in provincia, quomodo ex usu vestro existimabam esse, non quomodo ambitioni meae conducere arbitrabar. Nulla apud me fuit popina, neque pueri eximia facie stabant, et in convivio liberi vestri modestius erant quam apud principia.' 3 Post deinde haec dicit: 'Ita versatus sum in provincia, uti nemo posset vere dicere assem aut eo plus in muneribus me accepisse aut mea opera quemquam sumptum fecisse. Biennium fui in provincia; si ulla meretrix domum meam introivit aut cuiusquam servulus propter me sollicitatus est, omnium nationum postremissimum nequissimumque existimatote. Cum a servis eorum tam caste me habuerim, inde poteritis considerare, quomodo me putetis cum liberis vestris vixisse.' 4 Atque ibi ex intervallo: 'Itaque', inquit 'Quirites, cum Romam profectus sum, zonas, quas plenas argenti extuli, eas ex provincia inanes rettuli; alii vini amphoras quas plenas tulerunt, eas argento repletas domum reportaverunt'.

31
Milon aus Kroton (XV, 16)

1 Milo Crotoniensis, athleta illustris, quem in chronicis scriptum est Olympiade LXII primum coronatum esse, exitum habuit e vita miserandum et mirandum. 2 Cum iam natu grandis artem athleticam desisset iterque faceret forte solus in locis Italiae silvestribus, quercum vidit proxime viam patulis in parte media rimis hiantem. 3 Tum experiri, credo, etiam tunc volens, an ullae sibi reliquae vires adessent, immissis in cavernas arboris digitis diducere et rescindere quercum conatus est. Ac mediam quidem partem discidit divellitque; 4 quercus autem in duas diducta partes, cum ille quasi perfecto, quod erat conixus,

sein – **favēre**: günstig sein – **delabi**: absinken – 11 **Socraticus, a, um**: zu Sokrates gehörig – **amoenitas, tis f.**: Anmut – **exsuperantior, ius**: hervorragender – **eminentia, ae f.**: Hervorragen, hier: hervorragende Persönlichkeiten – **in arduum niti**: sich zur Höhe erheben – **simulacrum, i n.**: Bild – **aemulus, a, um**: eifersüchtig – **contentio, nis f.**: Rivalität – **parere**: erzeugen.

30 (XV, 12)

1 **C. Gracchus**: hatte 126 v. Chr. sein Amt als Quaestor in Sardinien verlassen (ohne Erlaubnis des Senats) und wurde deswegen von den Censoren angeklagt – **contio, nis f.**: Volksversammlung – 2 **ex usu esse**: nützlich, von Nutzen sein – **ambitio, nis f.**: Ehrgeiz – **conducit**: es nützt, frommt – **popina, ae f.**: Garküche, Kneipe – **eximia facies, ei f.**: ausnehmend schöne Erscheinung – **modestus, a, um**: bescheiden – **principia, orum n.**: Hauptquartier – 3 **as, sis n.**: Heller, Pfennig – **munus, eris n.**: Geschenk – **mea opera**: auf meine Veranlassung – **sumptus, us m.**: Aufwand, Ausgabe – **meretrix, cis f.**: Dirne – **introivit = introiit** – **sollicitare**: verleiten, verführen – **postremissimus, a, um**: ungewöhnliche Steigerung von **postremus** – **nequissimus, a, um**: recht nichtsnutzig – **existimatote**: zweiter Imperativ = **existimate** – **castus, a um**: rein, anständig – 4 **ex intervallo**: nach geraumer Zeit – **Quirites**: feierliche Anrede der römischen Bürger im Frieden – **zona, ae f.**: Gürtel, Geldbeutel – **Konstr.**: **Eas zonas, quas** – **inanis, e**: leer – **amphora, ae f.**: Krug.

31 (XV, 16)

1 **Milon** war ein bekannter Fechtmeister in Kroton (Süditalien), dessen Kunst in der damaligen Welt berühmt war, etwa um 520 v. Chr. – **Crotoniensis, e**: aus Kroton – **athleta, ae m.**: Wettkämpfer – **illustris, e**: berühmt – **chronica, orum n.**: Zeitgeschichte – **Olympias, dis**: die erste Olympiade fand i. J. 776 in Olympia statt – **coronare**: bekränzen; pass.: den Siegerkranz erhalten – **exitus, us m.**: Ausgang, Tod – **miserandus, a, um**: beklagenswert – **mirandus, a, um**: verwunderlich, eigenartig – 2 **grandis natu**: alt – **desinere**: aufgeben, aufhören mit – **quercus, us f.**: Eiche – **patulus, a, um**: auseinanderklaffend – **rima, ae f.**: Riß, Spalt – **hiare**: gähnen, auseinanderklaffen – 3 **immittere**: hineingraben – **caverna, ae f.**: Spalte, Höhle – **digitus, i m.**: Finger – **diducere**: auseinander zerren – **rescindere**: spalten – **discidere**: zerreißen – **divellere**: trennen – 4 **coniti**: sich an-

manus laxasset, cessante vi rediit in naturam manibusque eius retentis inclusisque stricta denuo et cohaesa dilacerandum hominem feris praebuit.

32
Eine Fangfrage (XVI, 2,1–4; 9–12)

1 Legem esse aiunt disciplinae dialecticae, si de quapiam re quaeratur disputeturque atque ibi quid rogere, ut respondeas, tum ne amplius quid dicas, quam id solum, quod es rogatus, aut aias aut neges; eamque legem qui non servent et aut plus aut aliter, quam sunt rogati, respondeant, existimantur indoctique esse disputandique morem atque rationem non tenere. 2 Hoc quidem, quod dicunt, in plerisque disputationibus procul dubio fieri oportet. 3 Indefinitus namque inexplicabilisque sermo fiet, nisi interrogationibus responsionibusque simplicibus fuerit determinatus.
4 Sed enim esse quaedam videntur, in quibus, si breviter et ad id, quod rogatus fueris, respondeas, capiare.
9 Nam si ita ego istorum aliquem rogem: 'Quicquid non perdidisti, habeasne an non habeas, postulo, ut aias aut neges', utrumcumque breviter responderit, capietur. 10 Nam si non habere se negaverit, quod non perdidit, colligetur oculos eum non habere, quos non perdidit; sin vero habere se dixerit, colligetur habere eum cornua, quae non perdidit. 11 Rectius igitur cautiusque ita respondebitur: 12 'Quicquid habui, id habeo, si id non perdidi.'

33
Zauberkräfte der Natur (XVI, 11)

1 Gens in Italia Marsorum orta fertur a Circae filio. 2 Propterea Marsis hominibus, quorum dumtaxat familiae cum externis cognationibus nondum etiam permixtae corruptaeque sunt, vi quadam genitali datum, ut et serpentium virulentorum domitores sint et incentionibus herbarumque sucis faciant medelarum miracula.
3 Hac eadem vi praeditos esse quosdam videmus, qui Psylli vocantur. Quorum super nomine et genere cum in veteribus litteris quaesissem, in quarto denique Herodoti libro fabulam de Psyllis hanc invenimus: 4 Psyllos quondam fuisse in terra Africa conterminos Nasamonibus Austrumque in finibus eorum

strengen – **laxare**: lockern – **cessare**: weichen – **natura, ae f.**: natürliche Lage – **includere**: einschließen, einklemmen – **stringere**: zusammenziehen – **cohaerere**: zusammenhängen – **dilacerare**: zerreißen, zerfleischen – **ferae, arum**: wilde Tiere.

32 (XVI 2,1–4; 9–12)

1 **disciplina dialectica**: Dialektik, Gesprächsführung – **aiunt**: sie sagen – **quipiam, quaepiam, quodpiam**: irgendeiner, -etwas – **disputare**: streiten – **rogere = rogeris**: hier **rogare = interrogare** – **amplius**: weiter, mehr – **aut aias aut neges**: daß du entweder ja oder nein sagst (Konjunktive von **ais** und **negas**!) – **indoctus, a, um**: ungebildet – **-que . . . -que**: sowohl . . . als auch – **ratio, nis f.**: Verfahren – 2 **disputatio, nis f.**: Streitübung – **procul dubio**: ohne Zweifel – 3 **indefinitus, a, um**: unbestimmt – **inexplicabilis, e**: unentwirrbar – **determinare**: begrenzen, bestimmen – 4 **capere**: fangen, überführen – 9 **utercumque**: welcher von beiden – 10 **colligere**: folgern, schließen – 11 **cautus, a, um**: vorsichtig.

33 (XVI, 11)

1 **Marsi, orum**: sabellische Völkerschaft in den Gebirgen Mittelitaliens um den lacus Fucinus – **Circa, ae**: Kirke, Zauberin, Meernymphe auf der Insel Ääa – 2 **dumtaxat**: wenn nur – **cognatio, nis f.**: Verbindung, Verwandtschaft – **genitalis, e**: natürlich, angeboren – **serpens, tis**: Schlange – **virulentus, a, um**: giftig – **incentio, nis, f.**: Zauberspruch – **sucus, i m.**: Saft – **miraculum, i n.**: Wunder – **medela, ae f.**: Heilung – 3 **Psylli, orum**: libyscher Volksstamm an der nordafrikanischen Großen Syrte, der infolge einer Dürrekatastrophe zu Beginn des fünften vorchristlichen Jahrhunderts auswanderte und von den Nasamonen vernichtet wurde. – **Herodotus**: Vater der Geschichtsschreibung, Jonier aus Halikarnaß, der von 484–424 v. Chr. in Athen und Thurii (Unteritalien) lebte und neun Bücher Geschichte schrieb, die nach den Musen benannt wurden – 4 **conterminus, a, um**: angrenzend, benachbart – **Nasamones**: rohes Volk an der Großen Syrte südwestlich der Kyrenaika – **Auster, i m.**: Südwind, besonders der Schirokko – **perquam**: überaus, gar

quodam in tempore perquam validum ac diutinum flavisse; 5 eo flatu aquam omnem in locis, in quibus colebant, exaruisse; 6 Psyllos re aquaria defectos propter eam iniuriam graviter Austro suscensuisse decretumque fecisse, uti armis sumptis ad Austrum proinde quasi ad hostem iure belli res petitum proficiscerentur. 7 Atque ita profectis ventum Austrum magno spiritus agmine venisse obviam eosque universos cum omnibus copiis armisque cumulis montibusque harenarum supervectis operuisse. 8 Eo facto Psyllos ad unum omnes interisse, itaque eorum fines a Nasamonibus occupatos.

34
Arion (XVI, 19)

1 Celeri admodum et cohibili oratione vocumque filo tereti et candido fabulam scripsit Herodotus super fidicine illo Arione. 2 'Vetus' inquit 'et nobilis Arion cantator fidibus fuit. 3 Is loco et oppido Methymnaeus, terra atque insula omni Lesbius fuit. 4 Eum Arionem rex Corinthi Periander amicum amatumque habuit artis gratia. 5 Is inde a rege proficiscitur terras inclutas Siciliam atque Italiam visere. 6 Ubi eo venit auresque omnium mentesque in utriusque terrae urbibus demulsit, in quaestibus istic et voluptatibus amoribusque hominum fuit. 7 Is tum postea grandi pecunia et 8 re bona multa copiosus Corinthum instituit redire, 9 navem igitur et nautas ut notiores amicioresque sibi Corinthios delegit.' 9 Sed eos Corinthios homine accepto navique in altum provecta praedae pecuniaeque cupidos cepisse consilium de necando Arione. 10 Tum illum ibi pernicie intellecta pecuniam ceteraque sua, ut haberent, dedisse, vitam modo sibi ut parcerent, oravisse. 11 Nautas precum eius harum commiseritum esse illactenus, ut ei necem afferre per vim suis manibus temperarent, sed imperavisse, ut iam statim coram desiliret praeceps in mare. 12 'Homo' inquit 'ibi territus spe omni vitae perdita id unum postea oravit, ut, priusquam mortem obpeteret, induere permitterent sua sibi omnia indumenta et fides capere et canere carmen casus illius sui consolabile. 13 Feros et immanes nautas prolubium tamen audiendi subit; quod oraverat, impetrat. 14 Atque ibi mox de more cinctus, amictus, ornatus stansque in summae puppis foro carmen, quod 'orthium' dicitur, voce sublatissima cantavit. 15 Ad postrema cantus cum fidibus ornatuque omni, sicut stabat canebatque, iecit sese procul in

sehr – **flare**: blasen, wehen – 5 **exarescere**; Perf.: exarui: vertrocknen, austrocknen – 6 **suscensēre**: zürnen – **proinde**: demnach, daher – **petitum** ist Supinum I: um zu . . . – 7 **harena, ae f.**: Sand – **supervehere**: überwehen – **operire**: zudecken – **ad unum omnes**: alle ohne Ausnahme.

34 (XVI, 19)

1 **Arion, nis**: Dithyrambendichter und Zitherspieler aus Methymna auf Lesbos (um 600 v. Chr.) Freund Perianders von Korinth, der der Sage nach von einem Delphin an das Vorgebirge Taenarum gerettet wurde – **cohibilis, e**: kurz und bündig – **filum, i n.**: Faden – **teres, tis**: abgerundet, geschmackvoll – **Herodotus**: Vater der Geschichtsschreibung; griechischer Historiker 484–424 v. Chr. in Athen und Thurii (Süditalien) – **fidicen, inis m.**: Saitenspieler – **fides, is f.**: Saite, Leier – 2 **Methymnaeus**: aus Methymna, einer Stadt auf Lesbos – 4 **Periander**: Tyrann von Korinth im siebenten vorchristlichen Jahrhundert – **Corinthus, i f**, – 5 **inclutus, a, um**: berühmt – **visere**: besuchen – 6 **demulgēre**: besänftigen, für sich einnehmen – **quaestus, us m.**: Gewinn – **istic**: dort – 7 **copiosus, a, um**: reich – **Corinthius, a, um**: aus Korinth – **provehere**: hinaussegeln – 9 **in altum**: auf das hohe Meer – 10 **pernicies, ei f.**: Verderben, Tod – 11 **commiseret aliquem alicuius**: jmd. hat Mitleid mit jmd. – **illactenus**: bis dahin, insofern – **necem afferre**: töten – **temperare**: sich mäßigen, enthalten – **coram**: vor ihren Augen – 12 **mortem obpetere**: mutig in den Tod gehen – **indumentum, i n.**: Kleidungsstück – **consolabilis, e**: tröstlich, trostbringend – 13 **prolubium, i n.**: Wunsch, Verlangen – **subire**: überkommen – **impetrare**: erlangen, erwirken, durchsetzen – 14 **cingere**: sich umgürten – **amicire**: sich umkleiden – **puppis, is f.**: Hinterdeck – **carmen orthium**: ein Gesang zur Zither in sehr hoher Tonart – **sublatus, a, um**: erhoben,

profundum. Nautae haudquaquam dubitantes, quin perisset, cursum, quem facere coeperant, tenuerunt. 16 Sed novum et mirum et pium facinus contigit.' Delphinum repente inter undas adnavisse fluitantique sese homini subdidisse et dorso super fluctus edito vectavisse incolumique eum corpore et ornatu Taenarum in terram Laconicam devexisse. 17 Tum Arionem prorsus ex eo loco Corinthum petivisse talemque Periandro regi, qualis delphino vectus fuerat, inopinanti sese obtulisse eique rem, sicuti acciderat, narravisse. 18 Regem istaec parum credidisse, Arionem, quasi falleret, custodiri iussisse, 19 nautas requisitos ablegato Arione dissimulanter interrogasse, ecquid audissent in his locis, unde venissent, super Arione; 20 eos dixisse hominem, cum inde irent, in terra Italia fuisse eumque illic bene agitare et studiis delectationibusque urbium florere atque in gratia pecuniaque magna opulentum fortunatumque esse. 21 Tum inter haec eorum verba Arionem cum fidibus et indumentis, cum quibus se in salum eiaculaverat, extitisse, 22 nautas stupefactos convictosque ire infitias non quisse. 23 Eam fabulam dicere Lesbios et Corinthios, atque esse fabulae argumentum, quod simulacra duo aenea ad Taenarum viserentur, delphinus vehens et homo insidens.

durchdringend – 15 **in profundum**: in die Tiefe – **haudquaquam**: keineswegs – 16 **fluitare**: dahintreiben – **subdere**: sich daruntlerlegen – **dorsum, i n.**: Rücken – **editus, a, um**: herausragend – **vectare**: führen, tragen – **Taenarum**: Vorgebirge und Ortschaft im südlichen Lakonien – **Laconica terra**: Lakonien, Landschaft auf der Peloponnes – **devehere**: tragen, bringen – 17 **prorsus**: geradewegs – **petere**: erstreben, erreichen – **inopinans, antis**: nichts ahnend, ahnungslos – **se offerre**: sich erbieten – **accidit**: es ereignet sich – **parum**: zu wenig – **quasi**: als ob – 19 **requirere**: suchen – **ablegare**: wegschicken – **dissimulans, tis**: insgeheim, unbemerkt – **super** mit Abl.: über – 20 **bene agitare**: gut gehen – **delectatio, nis f**: Unterhaltung, Vergnügen – **opulentus, a, um**: reich – **fortunatus, a, um**: glücklich – 21 **salum, i n.**: Salz, Meer – **se eiaculare**: sich stürzen – 22 **stupefacere**: erstaunen machen, zum Erstaunen bringen – **convincere**: überführen – **infitiae, arum f.**: Abrede, Leugnen – 26 **quire**: können – **argumentum, i n.**: Beweis – **simulacrum, i n.**: Figur – **aeneus, a, um**: ehern, aus Erz – **visere**: sehen, besichtigen – **vehens, tis**: schwimmend.

Methodische Anmerkungen zum Verstehen und Übersetzen eines Textes

Im folgenden will ich den Versuch machen, verschiedene Übersetzungsmethoden vorzuführen, die die Absicht haben, einen Text verständlich zu machen. Dafür bieten sich die Geschichten Nr. 34 (XVI 19) und Nr. 15 (VII 10) an.

Voraussetzung, nach einer Übersetzungsmethode zu arbeiten, ist gute Kenntnis der Vokabeln, die für dieses Stück recht zahlreich angegeben sind, und die genaue Beachtung der Formen. Mehrere Übersetzungsmethoden bieten sich an; in ihrer Kombination liegt die Möglichkeit, zum Verstehen eines Satzganzen zu kommen.

Nr. 34,1–5 eignen sich für die **Wort-für-Wort-Methode**: ,In einer recht kurzen und bündigen Erzählung mit einem feingesponnenen (ungekünstelten) Faden der Worte die Geschichte hat aufgeschrieben Herodot über jenen Saitenspieler Arion. Er erzählte: „Ein alter und berühmter Saitenspieler ist Arion gewesen. Er war nach seiner Herkunft und Stadt ein Methymnäer, seinem Land und der ganzen Insel nach ein Lesbier. Diesen Arion der König von Korinth Periander hatte als Freund und geschätzten Mann der Kunst wegen. Er geht von da vom König weg (Präsens historicum mit erzählendem Imperfekt zu übersetzen!), die berühmten Länder Sizilien und Italien zu besuchen."

Es bietet keine Schwierigkeit, die Worte nach ihrem Verständnis durch die Wort-für-Wort-Methode zu ordnen und ein nettes Stück Erzählung im Deutschen daraus zu machen. „Arion war in alten Zeiten (vetus) ein höchst berühmter Saitenspieler. Seinem engeren Geburtsort nach stammte er aus Methymna, seinem Vaterland und der ganzen Insel nach war er ein Lesbier. Diesen Arion hatte Periander, der König von Korinth, seiner Kunst wegen als Freund und Liebling. Einst zog er jedoch von da vom König weg, um die berühmten Länder Sizilien und Italien zu besuchen." Der letzte Infinitiv visere ist final und damit aus dem Griechischen übernommen. Bei der wortwörtlichen Übersetzung fällt das nicht vorhandene ut nicht auf, weil der Infinitiv in dieser Form dem Deutschen entspricht.

Die wortwörtliche Methode ist, auch wenn sie im Deutschen zunächst eigenartig klingt, bei guter Vokabelkenntnis und bei genauer Beachtung der Formen sehr zu empfehlen, wenn es mit dem Übersetzen gar nicht weitergeht; daß sie die deutsche Satz-

fügung entstellt, ist sehr unwahrscheinlich, weil der Schüler ja von sich aus daran geht, den Satz in gutem Deutsch wiederzugeben, wenn er ihn verstanden hat. Gewiß ist die Methode eine sog. „Interlinearmethode", die als Hilfsvorgang zwischen dem lateinischen Text und der guten deutschen Übersetzung steht.
Beim Wort-für-Wort-Übersetzen muß man beachten:

1. In Hauptsätzen ist das Verbum, d. h. hier seine personale Endform, in den Nebensätzen sehr oft das Subjekt (oder ein Ersatz mit „er, sie, es", im Plural „sie") vorwegzunehmen.
2. Eine mechanische und meist gedankenlose Umsetzung lateinischer Wörter in die deutsche Sprache ist falsch; man muß auch bei dieser Methode an die Bedeutung und Funktion eines Wortes im Satzganzen denken. Denn „Übersetzen" bedeutet ja nicht bloß ein Umsetzen fremdsprachlicher Wörter in die eigene Sprache; mit ihr verbunden ist eine Übertragung der Gedanken und Vorstellungen des fremden Schriftstellers, d. h. ein **Nach**-Denken seiner Vorstellungen.
3. Das größte Hindernis beim Wort-für-Wort-Übersetzen bilden die lateinischen Partizipial- und Infinitivkonstruktionen, die ja der deutschen Sprache nicht bekannt sind. Am besten kommen wir, wenigstens bei den Partizipialkonstruktionen, mit einer wörtlichen Übersetzung hin, die bei der Auflösung in einen Nebensatz meist das logische Verhältnis zum Hauptsatz erraten läßt. Bei den Infinitivkonstruktionen (a. c. i.) empfiehlt sich das Herausnehmen der Konstruktion in eine Wort-Sinn-Einheit oder in einen Wortblock.

Die zweite Methode ist die **unmittelbare Erfassung des Satzsinnes** in den Sätzen 6–8. Der Übersetzer versteht sofort, daß es sich um die Wirkung von Arions Ankunft in Italien handelt: *aures mentesque hominum demulsit;. . . in quaestibus istic et voluptatibus amoribusque hominum fuit.* Der mit *ubi* beginnende Satz ist ein Temporalsatz, zumal er den Indikativ des Perfekts (*venit . . . demulsit*) hat;: „Als er dorthin gekommen war und die Ohren und Herzen aller in den Städten beider Länder für sich gewonnen hatte;" (Hauptsatz beginnt: denn die satzverbindenden Konjunktionen et oder –que fehlen) „lebte er dort in Gewinn, in Lust und in Liebe zu den Menschen;" hominum kann Genetivus subiectivus sein (er liebt die Menschen) oder Genetivus obiectivus (die Menschen lieben ihn). In den folgenden Sätzen 6 und 7 errät der Schüler seinen großen Reichtum und gleichzeitig seinen Wunsch, nach Hause zurückzukehren, auch die Art und Weise seiner Rückkehr. „Später dann durch große Geldsummen und viele Wertsachen bereichert, beschloß er, (schließlich wieder) nach Korinth zurückzukehren; er suchte sich also ein korinthisches Schiff und Matrosen aus Korinth, weil die Korinther ihm bekannter und befreundeter waren." Auch Satz 9 würde ich noch nach dem Erfassen des Satzsinnes erarbeiten lassen. Vorausgeschickt werden muß, daß der Satz von einem Verbum des Sagens abhängig zu denken ist und damit ein Stück indirekter Rede darstellt. Stichworte für das Erfassen des Satzinhaltes: *Corinthios consilium cepisse.* Die Korinther sind *cupidos*: wonach? ; *de necando Arione* wird leicht gefunden und als Gerundivum erkannt. Die beiden ablativi absoluti: *homine accepto* und *navi in altum provecta* lassen sich in der Übersetzung leicht ergänzen. Auch Satz 10 läßt sich nach dieser Methode erarbeiten; immer noch indirekte Rede: „er gibt das Geld und seine übrige Habe und bittet um sein Leben." Auf den Abl. abs.: *pernicie intellecta* muß hingewiesen werden.

Im Satz 11 wollen wir die **Analysiermethode** versuchen; in ihr geht der Übersetzer vom Inhalt und den gedanklichen und sachlichen Zusammenhängen aus und sucht ihren sprachlichen Ausdruck festzustellen. Diese Methode erzieht zum Sachdenken, d. h. zum schnellen Erfassen einer Situation, zum Erkennen der zeitlichen und ursächlichen Zusammenhänge, zum Herausschälen des Wesentlichen. Der Satz ist immer noch indirekte Rede. Von wem ist die Rede? Von den *nautas.* Was tun sie? *commiseritum esse* als unpersönlicher Ausdruck in der indirekten Rede: „sie hätten Mitleid gehabt"; bei *commisereri* steht die Sache, auf die sich das Mitleid bezieht, im Genetiv: *precum eius harum*: „mit diesen seinen Bitten, insofern sie sich enthielten, ihm mit Gewalt mit ihren Händen den Tod zu geben." Was taten sie weiter? „*imperavisse, ut. . .* „sie hätten aber befohlen, daß er sich sofort vor ihnen kopfüber ins Meer stürzte."

Man sollte bei den Fragen nach dem Weitergang der Handlung natürlich den jeweiligen Inhalt berücksichtigen:

Um wen handelt es sich? Träger der Handlung
Was geht vor? Haupthandlung im Hauptverbum
Ort und Zeit; Orts- und Zeitbestimmung
Art des Verlaufs und besondere Umstände
Grund
Fördernde und hemmende Momente.

Natürlich muß man sich bei dieser Methode, wenn sie nicht in planloses Raten ausarten soll, stets nach der grammatischen Seite orientieren; hier ist die genaue Kenntnis der Vokabeln und das Erkennen der Formen erforderlich.

In Satz 12 versuchen wir die Methode des **Konstruierens**. Leider gibt Gellius bei seinen kurzen Sätzen weniger Gelegenheit dazu. Den Aufbau des Satzes sucht man vom Sprachlichen her zu erkennen und bewußt zu machen. Die Architektur des Satzes ist also nichts weiter als der Versuch, den lateinischen Satz im Deutschen nachzubauen. Wichtig erscheint mir dabei, bei der Erarbeitung der einzelnen Teile immer wieder auf die Wortstellung des Originaltextes zurückzukommen und sie bei vollständiger Lösung des Satzes beizubehalten.

Achte bei der Konstruktionsmethode

1. auf die Auffindung des Satzkerns, den wir meist im Prädikat finden,
2. auf die Ermittlung des Satzgegenstandes (Subjekt),
3. auf das Finden der denknotwendigen Satzteile (Objekte),
4. auf die Einordnung der noch vorhandenen Worte als Vokabeln, wobei wir zunächst nicht unbedingt auf die Beziehung und logische Verbindung im Satz achten müssen.

Bei Verwendung eines Konzepts ergibt sich bei mehrfachem Lesen des Satzes die richtige Einordnung von selbst. Nach Möglichkeit belasse man am Ende die Wortstellung des Originals, die ja beim Schriftsteller einen Sinn hat.

Bei der Verwendung von Nebensatzeinleitungen achte man darauf, bestimmte Konjunktionen, etwa *cum,* zunächst immer mit „als" zu übersetzen und die richtige logische Beziehung erst zu suchen, wenn der ganze Satz steht. Man muß dabei allerdings die fünf *cum* mit dem Indikativ und die vier mit dem Konjunktiv kennen.

Bei der Konstruktion eines Nebensatzes verfahre man wie beim Hauptsatz, ohne sich von vornherein auf die Bedeutung der Konjunktion festzulegen. Hier sollte man auf die Partizipialkonstruktionen eingehen.

Zurück zum Satz 12 der Arionerzählung! Wir finden das Verb *oravit;* Subjekt dazu ist *homo.* Erster Wortblock: *ibi territus;* es folgt ein abl. abs. als zweiter Wortblock: *spe omni vitae perdita:* „nachdem er alle Lebenshoffnung verloren hatte." Von *oravit* ist ein *ut*-Satz abhängig (Zwecksatz) mit dem Verb *permitterent;* daran hängen sich die leicht zu findenden Infinitive an. Zu *carmen* gehört das Adjektiv *consolabile;* von *carmen* abhängig ist als Genetiv *casus illius sui:* „ein Trostlied seines eigenen Untergangs".

Die Konstruktionsmethode wird ohne die Mithilfe anderer Methoden (Wortblock- und Analysiermethode) schwerlich allein zum Ziel der Auflösung eines Satzes führen. Man verwendet also

andere Methoden gleichzeitig und kommt so zu einem kombinierten Verfahren.
Noch eine weitere Methode, die allerdings beim Analysieren und Konstruieren bereits angeklungen ist, soll hier kurz gestreift werden. Es handelt sich um die **Gliederung der Sätze.** Wie kaum in einer anderen Sprache baut sich der lateinische Satz nicht auf locker aneinander gereihten, isolierten Einzelwörtern auf, sondern auffallend sind in ihr festgefügte, sinnvolle Wortblöcke, die sprachlich und sachlich eine Einheit bilden; diese Einheit kann soweit gehen, daß man solche Wortblöcke beinahe als Einzelsätze betrachten könnte, wenn man nicht durch die Zeichensetzung daran gehindert würde. Zu den Wortblöcken gehören ganz entschieden die participia coniuncta und der ablativus absolutus. Betrachten wir bei Gellius Satz 14–16! Im ersten Satz sind die participia coniuncta, die mit dem Subjekt verbunden sind, von *cinctus* bis *stans* Wortblöcke; ein weiterer folgt in dem Relativsatz (*quod*), der sich an *carmen* anhängt. Im Satz 15 kommen zwei kleinere Wortblöcke vor: „*Nautae haudquaquam dubitantes, quin perisset, cursum, quem facere coeperant, tenuerunt.*"
Wenn wir alle bisher beschriebenen Methoden reichlich so geübt haben, daß wir bei der Übersetzung von lateinischen Sätzen mit jeder einzelnen, wenn auch zu einem eingeschränkten Ziel kommen, empfiehlt sich als Krönung das sog. **kombinierte Verfahren.** Man könnte dieses kombinierte Verfahren in den Sätzen 16–19 versuchen, wenn sich auch da bei Gellius nicht viel Lohnendes ergibt. „Kombinieren" heißt „verbinden". Wir versuchen also, aus allen Methoden das herauszuholen, was uns an einer bestimmten Textstelle, an der wir festhängen, weiterbringt. In Satz 16: *fluitantique sese homini* kombinieren wir den Wortblock mit dem a. c. i., der in der indirekten Rede Hauptsatz ist; dasselbe tun wir mit dem abl. abs.: *dorso super fluctus edito.* Im Satz 17 gehören die beiden Begriffe: *Periandro, . . . inopinanti* zusammen. In Satz 19 ist der Hauptsatz mehrere Male durch Nebensätze: *quasi . . . falleret; ecquid audissent in his locis, unde venissent, super Arione* unterbrochen; auch hier lohnt es sich, die Teile herauszusuchen, sie beim ersten Übersetzen, wenn notwendig, auszulassen und dann erst einzuordnen, wenn die anderen Teile des Satzes nicht nur den Worten, sondern auch dem Sinn nach ganz verstanden sind. Bei diesem Verfahren wird es, wie bei fast allen anderen notwendig sein, sich einen Überblick über den Aufbau des ganzen Satzes durch sorgfältige Gliederung zu verschaffen. Es gibt bei jedem Schriftsteller Satzmodelle, die häufig wiederkehren; wenn man sich

durch ständige Wiederholung und Übung diese Modelle einprägt, bleibt eine Menge vom Stil des Schriftstellers hängen; dann kann man außer bei ganz schweren Perioden sicherlich auf jede Methode verzichten und flott lesen. Ich würde bei diesem kombinierten Verfahren empfehlen:

1. Man überlege sich Ausgangssituation und Zielvorstellung!
2. Man gehe von dem aus, was sich am leichtesten übersetzen läßt, die schwierigeren Teile des Satzes klammere man ein!
3. Man sei sich über alle Einzelaussagen des Satzes vollkommen klar und überblicke seinen Aufbau, indem man vor allem die Nebensätze erkannt hat und sie sinngemäß nach Möglichkeit in ihrer Wortstellung eingliedert!

Schließlich sei noch etwas über die **Auflösung von Perioden** gesagt. Da es im Lateinischen Konstruktionen gibt, die dem Deutschen nicht bekannt sind, wird es darauf ankommen, auf sie besonders hinzuweisen und sie vor Beginn der Lektüre noch einmal an Hand vieler Beispiele zu üben. Dazu gehören die verbundenen Participia (participia coniuncta), der Ablativ mit dem Partizip (ablativus absolutus), der Akkusativ mit dem Infinitiv (a. c. i.) nach bestimmten Verben und unpersönlichen Ausdrücken, das Gerundium und das Gerundivum. Die Partizipialkonstruktionen werden die Möglichkeit geben, Perioden in Hauptsätze aufzulösen und damit zu zergliedern und fürs Deutsche lesbarer zu machen. Zuallererst muß man den ganzen Satz gliedern, ihn analysieren und in großen Teilen konstruieren. Nicht jedes Partizip und jeder Ablativus absolutus bleibt in der Unterordnung; häufig wird man sie zu Hauptsätzen machen und als solche auch in der endgültigen Übersetzung stehen lassen. Da wir im Deutschen die Satzreihe, also die aneinandergereihten Sätze als Hauptsätze, bevorzugen, der Römer dagegen die Unterordnung liebt, werden wir manche Unterordnung des Lateinischen beseitigen und sie im Deutschen beiordnen. Dabei ist es durchaus nicht immer zu empfehlen, den Hauptsatz an die Spitze des Sprachgefüges zu stellen. Auch die Wortstellung hat, wie sie uns beim Schriftsteller begegnet, ihren Sinn; deshalb soll man ihr nach Möglichkeit folgen und sie beibehalten. Als Beispiel für die Aufgliederung einer Periode wollen wir es bei Gellius mit Nr. 15, 4–5 versuchen. Hauptgedanke: Euclides aus Megara wird es in Zukunft schwer möglich sein, Sokrates in Athen zu hören; denn die Behörde in Athen hat eine Verfügung

3 (1/4 Bogen) Gellius (10714)

erlassen, wonach kein Megarer mehr athenischen Boden betreten darf. „*Tum Euclides ... sub noctem* wird nur unterbrochen durch einen Relativsatz, dessen Beziehung auf Euclides eindeutig ist. An den Relativsatz hängt sich ein Temporalsatz (*postquam*) an, der aber bereits zum Hauptsatz gehört, also in der ersten Übersetzung wegbleibt. Die Zeitbestimmung *sub noctem* gehört bereits zum Hauptsatz und wird näher bestimmt durch den eingeschobenen *cum*-Satz. Es folgen drei participia coniuncta (mit dem Subjekt verbunden): *indutus – amictus – velatus,* jeweils bekleidet mit instrumentalen Ablativen; der Hauptsatz beginnt bei *e domo commeabat,* und ein zweites Verb (*redibat*) beendet ihn; das erste Verb *commeabat* wird durch einen finalen *ut*-Satz erweitert. Die Nebensätze: *qui – postquam – ut* übersetze wie Hauptsätze, indem du die Nebensatzeinleitung einklammerst, dann aber berücksichtigst, daß im Deutschen das Verb am Satzende steht! Im Satz 5 ist der Hauptsatz mit den folgenden Infinitiven: *currere – sedere – opperiri* leicht zu finden; er wird unterbrochen durch einen *ut*-Satz und klingt aus in einen Temporalsatz (*donec*).

Selbstverständlich muß dann, wenn man den ganzen Satz übersetzt hat, eine **Nachprüfung** erfolgen. Das muß dort auf jeden Fall geschehen, wo etwa eine Periode aufgelöst worden ist. Daß die Vollständigkeit und auch die sprachliche und sachliche Richtigkeit überprüft wird, ist selbstverständlich. Diese Nachprüfung kann am besten an Hand folgender Fragen erfolgen:

1. Fehlen mir Vokabeln?
2. Habe ich Wörter ausgelassen?
3. Habe ich alle Formen richtig erkannt und bezogen?
4. Habe ich den Satz richtig konstruiert?
5. Gibt der Satz einen richtigen Sinn?
6. Fügt sich der Satz ohne Widerspruch in das ganze Stück ein, das ich übersetzen soll?
